# LONDON

## ERLEBNIS ERDE

Die Themse ist die Lebensader Londons. Hier vereinen sich Neu und Alt, traditionelle Wahrzeichen ebenso wie Modernes, wie hier der Palace of Westminster mit Big Ben und das Riesenrad London Eye.

# LONDON

Der Trafalgar Square mit der prächtigen Fassade der National Gallery, die über eine großartige Gemäldesammlung verfügt, ist Treffpunkt der Touristen und Versammlungsort für Kundgebungen und Partys.

# ZU DIESEM BUCH

»Endlich war ich also in London, und nichts machte mir mehr Spaß, als den ganzen Tag in meinem neuen Revier herumzuschlendern. London kam mir vor wie ein Haus mit fünftausend verschiedenen Zimmern; der ganze Reiz lag darin, zu entdecken, wie die Zimmer untereinander verbunden waren, und sie allmählich alle zu durchlaufen.«

Hanif Kureishi: »Der Buddha aus der Vorstadt«

Die ganze Welt in einer Stadt – das ist nicht einfach nur ein reißerischer Werbeslogan, sondern eine Realität: London ist im wahrsten Sinne des Wortes eine Weltstadt, geformt von Menschen aus aller Herren Länder, die ihre Kultur mitbrachten und mit ihr, nicht immer reibungslos, jene Melange schufen, die das einzigartige Flair der britischen Hauptstadt ausmacht. Die Vielfalt der Stadt beruht jedoch nicht nur auf dem Zusammenspiel kultureller Eigenarten, die London unter anderem auch die abwechslungsreichste Küche und die interessantesten Restaurants Europas beschert hat, sondern auch auf der Innovationskraft einer Gesellschaft, die mit ihren technischen Erfindungen und ihrer künstlerischen Kreativität einen wesentlichen Beitrag zur europäischen Wirtschaft und Kultur geleistet hat.

London in Gänze zu erfassen, ist keine einfache Angelegenheit. Die Stadt breitet sich wie ein großer Fleck um das Mündungsgebiet der Themse aus. Doch es ist nicht nur die schiere Größe, die überwältigt. Es ist die Vielzahl der Möglichkeiten und Sehenswürdigkeiten: Da ist das königliche London mit seinen Palästen, das kommerzielle mit zukunftsweisender Architektur, aber auch mit den zahllosen bunten Märkten, Kaufhäusern und Läden; dann das historische London mit den Kathedralen und der alten City sowie das maritime mit dem zauberhaften Greenwich und natürlich mit der Themse, der Lebensader der Stadt, die zu ihrem Reichtum und stets anhaltender Blüte beigetragen hat. Schließlich gibt es das London der Kunst und Kultur, wo die fantastischsten Sammlungen der Welt sich auf unzählige Museen und Galerien verteilen, hunderte Bühnen die großartigsten Vorstellungen bieten und mit einem Nachtleben, das nie Pause macht.

Der vorliegende Bildband versucht, einen kleinen Querschnitt dieser schillernden Metropole zu vermitteln, von den prachtvollen historischen Gebäuden über die gepflegten Parks bis hin zu den lebendigen Vierteln des Alltags. Ein Atlas im Anhang und ein Register helfen bei der Orientierung, doch jenseits der puren Geografie und der weltberühmten Sehenswürdigkeiten wartet London immer mit Überraschungen selbst für jene auf, die hier ihr halbes Leben verbracht haben.

Ganz London ist ein Marktplatz, wo mit allem gehandelt wird, was die Welt zu bieten hat. Der schönste ist jedoch der Leadenhall Market, eine traditionelle Markthalle in viktorianischer Schnörkeligkeit.

»London ist so groß und ausufernd, dass es nicht weniger als alles enthält«, schrieb Peter Ackroyd in seinem 2000 erschienenen Mammutwerk »London. The Biography«. In der Tat bietet die britische Metropole eine Vielfalt, die ihresgleichen sucht, wobei Vielfalt noch eine starke Untertreibung ist. Seit Anbeginn hat der Ort an der Themse Menschen aus anderen Ländern angezogen und tut es noch heute. Sie alle haben ein Stück Kultur aus ihrer Heimat mitgebracht, und aus all diesen verschiedenen Teilen hat sich die faszinierende Mixtur London entwickelt.

## CHRONIK
| | |
|---|---|
| Geschichte der Stadt London | 8 |

## CITY OF LONDON
| | |
|---|---|
| Tower Bridge | 26 |
| Tower of London | 28 |
| Lloyd's of London | 30 |
| Royal Exchange, Bank of England | 32 |
| *Pub – reichlich Ale und viel Geselligkeit* | 34 |
| Guildhall | 36 |
| Barbican Centre | 38 |
| St. Paul's Cathedral | 40 |
| *Londons Brücken* | 42 |
| Old Bailey | 44 |
| St. Bride's, Fleet Street | 46 |

## WESTLICH DER CITY
| | |
|---|---|
| Somerset House | 50 |
| Covent Garden | 52 |

# INHALTSVERZEICHNIS

| | | | | | | |
|---|---|---|---|---|---|---|
| *Theaterszene West End* | 54 | Kensington Palace, Kensington Gardens | 90 | **DER OSTEN** | |
| Trafalgar Square | 56 | *Diana Memorial* | 92 | Brick Lane | 126 |
| National Gallery, National Portrait Gallery | 58 | Notting Hill | 94 | Canary Wharf | 128 |
| Piccadilly Circus | 60 | *Notting Hill Carnival* | 96 | Greenwich | 130 |
| Soho | 62 | | | Millennium Dome | 132 |
| Westminster Palace | 64 | **SÜDUFER DER THEMSE** | | | |
| Westminster Abbey | 66 | Southbank Centre | 100 | **VOR DEN TOREN LONDONS** | |
| *Gräber in der Westminster Abbey* | 68 | London Eye | 102 | Hampton Court | 136 |
| Tate Britain | 70 | Tate Modern | 104 | *Die Royals* | 138 |
| Buckingham Palace | 72 | *Shakespeare's Globe Theatre* | 106 | Windsor Castle | 140 |
| *Tea Time im Ritz und Savoy* | 74 | Southwark Cathedral | 108 | *Ascot* | 142 |
| Hyde Park, Albert Memorial | 76 | | | | |
| | | **NÖRDLICH DER CITY** | | Atlas | 144 |
| **DER FEINE WESTEN** | | British Museum | 112 | Register | 158 |
| Harrods | 80 | The British Library | 114 | Bildnachweis, Impressum | 160 |
| Victoria and Albert Museum | 82 | Madame Tussauds | 116 | | |
| Natural History Museum | 84 | Regent's Park | 118 | | |
| Royal Albert Hall | 86 | *John Nash – Architekt und Stadtplaner* | 120 | | |
| *Erfrischende Exzentrik: die Modestadt London* | 88 | Camden Lock | 122 | | |

Die ehrwürdige Tower Bridge und die Themse: Der Fluss verbindet das Landesinnere mit der Nordsee. Er ist die Grundlage für den merkantilen und weltoffenen Charakter Londons. Einst die befahrenste Wasserstraße der Erde, spielte die Themse eine entscheidende Rolle bei der Entwicklung Londons zur Weltmetropole. Trafalgar Square erinnert an den Seehelden Admiral Horatio Nelson (kleines Bild).

# CHRONIK

»A mighty mass of brick, and smoke, and shipping ...«, so beschrieb Lord Byron um 1800 die englische Hauptstadt. London mag im Lauf seiner Geschichte mehrmals das Gesicht verändert haben, aber sein Wesen blieb erhalten: ein Häusermeer voll von geschäftigem Trubel und mit guten Verbindungen in alle Welt. Das pulsierende Herz dieser Stadt ist die Themse, die eine entscheidende Rolle bei der Entwicklung Londons zur globalen Metropole spielte – ein Status, den diese Stadt trotz aller Wandlungen bis heute innehat.

Auch London hat einmal klein angefangen. Im 1. Jahrhundert gründeten die Römer im feindlichen Keltenland Londinium. Heftigen Widerstand gegen die Eindringlinge gab es seitens der legendären Kriegerkönigin Boudicca. Reste der römischen Besiedlung, wie ein Stück der alten Stadtmauer oder der Mithras-Tempel wurden in das heutige Stadt-

bild integriert. Der Angelsachse Eduard der Bekenner – in einer Buchillustration aus der zweiten Hälfte des 15. Jahrhunderts dargestellt bei einem höfischen Bankett (rechts) – starb jedoch kinderlos, was die Invasion der Normannen zur Folge hatte.

**43**
Der römische Kaiser Claudius gründet das römische Londinium und baut die erste Brücke über die Themse.

**60**
Die keltisch-britische Kriegerkönigin Boudicca greift die Römersiedlung an. Die Stadt wird zerstört und in Brand gesteckt.

**60–90**
Die Römer bauen die zerstörte Stadt wieder auf.

**200**
Die Römer errichten die erste Stadtmauer, die City Wall, zur Verteidigung Londons.

**410**
Die römischen Truppen ziehen sich aus Britannien und London zurück.

**604**
König Ethelbert erbaut die erste St. Paul's Cathedral.

Straßenkünstler als römischer Zenturio.

## Ursprünge

Im Luftbild sind die Londoner Windungen der Themse unübersehbar: Sie fließt von Westen Richtung Stadt, wendet sich bei Hampton Court nordwärts, dann ostwärts Richtung Meer und beschreibt dann elegante Bögen durch die Innenstadt, bis sie sich etwa ab Greenwich zum Ästuar erweitert, um sich bei Southend mit der Nordsee zu vereinen. Wo einst die Tiden der Nordsee auf den Fluss trafen, sollen die Römer im Jahr 43 ihr Londinium gegründet haben. Wie alle bedeutenden Städtegründungen lag das frühe London an strategischer Stelle: Per Schiff von den Meeren aus gut erreichbar, und mit schiffbarem Flusszugang ins Landesinnere – ein perfekter Handelsplatz.

## Die Römer

Die logistisch versierten Römer bauten zwischen dem heutigen Southwark und der City of London eine hölzerne Brücke über die Themse und errichteten am Nordufer ein Feldlager, das nur aus zwei Straßen parallel zum Fluss bestand. Doch die hölzerne Brücke erwies sich als so bedeutsam, dass sich der ursprüngliche Militärstützpunkt rasch zum Versorgungszentrum mit einem kleinen hölzernen Hafen entwickelte. Im Jahr 60 zerstörte die britisch-keltische Kriegerkönigin Boudicca aus dem Stamm der Icener die römische Siedlung Londinium mit Feuer und Schwert, nachdem die Römer ihre Töchter vergewaltigt und ihr Königreich annektiert hatten. Die Stadt wurde kurz darauf wieder

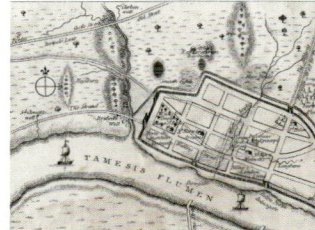

Karte des römischen Londinium.

Tempelruine aus römischer Zeit.

Die Ruinen des Mithras-Tempels in der Queen Victoria Street.

aufgebaut, diesmal prächtiger als je zuvor. 30 000 bis 50 000 Einwohner sollte die Siedlung schon bald zählen.

## Sachsen und Wikinger

Als das Reich der Römer zerfiel, wurde auch ihre nörd-

Statue der Königin Boudicca.

# London 43–1066
## Londinium, Lundenwic

**834**
Wikinger überfallen erstmals die Stadt an der Themse.

**852**
Die Wikinger lassen sich in London nieder.

**886**
Der sächsische König Alfred erobert London von den Wikingern zurück und übernimmt die Macht.

**1014**
Skandinavische Eroberer nehmen London ein und zerstören die Brücke. Der Däne Knut wird zum König von England gekrönt.

**1042**
Der Angelsachse Eduard der Bekenner wird König.

**1065**
Vollendung der Westminster Abbey und Einweihung durch Eduard den Bekenner.

liche Kapitale Londinium allmählich aufgegeben, bis schließlich zu Beginn des 5. Jahrhunderts die Römer als Staatsmacht abzogen.
Seit etwa 200 Jahren hatten sich im Süden Englands bereits Siedler der germani-

Eduard der Bekenner, Ölgemälde aus dem 15. Jahrhundert.

schen Stämme der Angeln und Sachsen niedergelassen, ohne zunächst ein großes

Der angelsächsische König Alfred – hier die Statue, die Hamo Thornycroft schuf – vertrieb die Wikinger aus London.

Interesse an London zu zeigen. Als die Stadt sich zu einem immer wichtigeren Handelshafen entwickelte und die keltischen Briten letztendlich die Vorherrschaft der immer stärker werdenden Sachsen akzeptierten, wählten diese Lundenwic (Londonhafen), wie sie ihre

Darstellung der Beisetzung von Eduard dem Bekenner auf dem Teppich von Bayeux.

neue Ansiedlung außerhalb der alten Stadtmauern (etwa in Höhe von Covent Garden) nannten, zu ihrem Hauptsitz.
Im Jahr 851 segelten die Wikinger mit 350 Booten über die Themse, überfielen London und legten es in Schutt und Asche. Das, was übrig blieb, nutzten sie als Hauptquartier, bis Alfred, der König von Wessex, die Macht der Wikinger brach und London zurückeroberte. Zwar gaben die Wikinger nicht auf, stellten sogar noch zwei Könige, bis der Thron 1042 wieder an einen Sachsen fiel, Eduard den Bekenner. Eduard begründete drei Kilometer flussaufwärts auf einer Insel ein Kloster und einen Palast, das spätere Westminster. Als er seinen Hofstaat in den neuen Palast verlegte, war der Grundstein für die Aufteilung Londons gelegt, die noch bis heute gültig ist: In der City of London dominierten der Handel und das Geschäft, in Westminster die politische Macht.

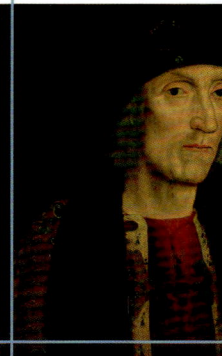

V. l. n. r: Richard Löwenherz, Eduard IV. und Heinrich VII. – Englands Könige des Mittelalters waren in ständige Kriege und Auseinandersetzungen verwickelt. Richard Löwenherz befehligte bereits mit 16 Jahren seine Armee. Berühmt wurde er als Kreuzfahrer. Eduard II. war zwar friedlicher – er gründete die Universitäten in Oxford und Cambridge – wurde aber später ermordet. Heinrich VII., der erste der Tudor-Dynastie, eroberte den englischen Thron mit dem Schwert und beendete damit die lange währenden »Wars of the Roses« zwischen den rivalisierenden Dynastien.

**1066**
Wilhelm der Eroberer wird in der Westminster Abbey am Weihnachtstag zum König von England gekrönt.

**1154**
Heinrich II. aus dem Haus Plantagenet wird König.

**1176**
Die erste steinerne Brücke Londons entsteht am bisherigen Ort der alten römischen Holzbrücke.

**1190/91**
Henry Fitzalwin wird erster Bürgermeister von London.

**1215**
Die Magna Charta von König Johann verleiht London mehr Eigenständigkeit und Macht.

**1240**
Das erste Parlament tagt in Westminster.

## Wilhelm der Eroberer

Der Normanne auf dem englischen Thron hat die Geschichte Englands stark geprägt. Er legte den Grundstein für den wirtschaftlichen und politischen Erfolg des späteren Weltreichs. Geboren wurde er 1027 oder 1028 im normannischen Falaise als unehelicher Sohn des normannischen Herzogs Robert des Prächtigen. 1066 setzte er nach dem Tod des englischen Königs nach England über, um die ihm versprochene Krone einzufordern. In der Schlacht von Hastings schlug er am 14. Oktober seinen Konkurrenten um den englischen Thron.

Die Schlacht von Hastings (1066).

Darauf ließ er sich zum englischen König krönen. Danach begann er, die angelsächsischen Großgrundbesitzer zu enteignen und deren Besitz an seine normannischen Getreuen zu verteilen.

Der Normanne Wilhelm der Eroberer war König von England und Herzog der Normandie.

## Die Normannen

Eduard der Bekenner hatte seine Kindheit und Jugend während der Wikinger-Herrschaft bei seinen

Der Aufständische Wat Tyler wird vom Bürgermeister Walworth vor Richard II. getötet.

normannischen Verwandten in Rouen verbracht, bevor er den Thron von England besteigen konnte. Als er 1066 kinderlos starb, kämpften zwei Thronprätendenten um die Nachfolge: Harold Godwinson, Sohn des Grafen von Wessex und Schwager Eduards, und Wilhelm, Herzog der Normandie und Eduards Cousin, den er zum Nachfolger bestimmt hatte. Harold ließ sich unmittelbar nach dem Ableben Eduards zum englischen König krönen, doch Wilhelm ließ sich die Krone eines prosperierenden Landes nicht nehmen. Noch im gleichen Jahr landete er mit seinen Truppen an der englischen Küste und schlug seinen überrumpelten Widersacher in der Schlacht von Hastings. Nach seinem Einzug in London ließ er sich in der erst ein Jahr zuvor fertiggestellten Westminster Abbey am Weihnachtstag des Jahres 1066 zum König krönen

und führte seither den Beinamen »der Eroberer«. Wilhelm machte den Stadtstaat London zur Hauptstadt eines Reiches, das zu seiner Zeit nicht nur Britannien umspannte, sondern auch die Normandie und andere Besitzungen in Frankreich. Gleichzeitig erkannte er die Unabhängigkeit Londons an. Dennoch wurde der White Tower, das älteste Bauwerk des Tower of London, in der unabhängigen City errichtet.

## Handel und Wohlstand

Londons Unabhängigkeit wurde 1191 von Richard I. Löwenherz offiziell bestätigt – ein Status, den alle folgenden Monarchen beibehielten. Richards Zugeständnis war jedoch nicht ganz uneigennützig, denn er benötigte das Geld und die Unterstützung der reichen

| 1269 | 1348 | 1394 | 1397 | 1476 | 1509 |
|------|------|------|------|------|------|
| Die neue Westminster Abbey wird eingeweiht. | Zehntausende Londoner fallen der Pest zum Opfer. damit dezimiert sich Londons Bevölkerung auf ein Drittel. | Richard II. läßt Westminster Hall umbauen. | Der Kaufmann Dick Whittington ist der erste gewählte Bürgermeister der Stadt London. | Der Kaufmann William Caxton stellt seine erste Druckerpresse in Westminster auf. | Heinrich VII. baut St. James's Palace. |

Die bronzene Reiterstatue des Richard Löwenherz vor dem Parlamentsgebäude in Westminster stammt aus dem 19. Jahrhundert.

Londoner Kaufleute. Ein Jahr nach dieser Erklärung wurde der erste Bürgermeister Londons gewählt, zusammen mit einem Stadtrat,

Der Tower of London.

der sich aus den mächtigen Zünften der Kaufleute rekrutierte. 1240 tagte in Westminster das erste englische Parlament. Doch trotz wachsendem Wohlstand, regem Handel und einem Ausbau der Stadt waren die Lebensbedingungen für die Mehrzahl der Menschen katastrophal. Die Häuser der weniger Begüterten bestanden aus Stroh und Lehm, die Gassen waren eng und das Trinkwasser stammte aus der Themse, in die auch alle Abwässer eingeleitet wurden. 1348 dezimierte eine Pestepidemie die Bevölkerung von rund 100 000 Menschen auf nur noch ein Drit-

tel. Auch politische Unruhen machten London zu schaffen. 1381 versuchte König Richard II. eine Kopfsteuer einzuführen. Die ohnehin unzufriedenen Arbeiter und Bau-

UNESCO-Welterbe: Westminster Hall.

Kapelle Heinrichs VII., Westminster Abbey.

ern marschierten daraufhin zu Zehntausenden nach London, um ihren Protest kundzutun. Sie zerrten den Erzbischof von Canterbury aus dem Tower, köpften ihn und zerstörten weite Teile Londons. Der Aufstand schlug letztendlich fehl, die Anführer wurden hingerichtet.

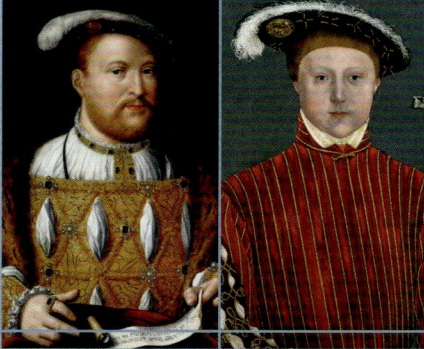
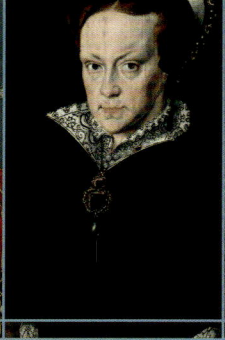

V. l. n. r.: Heinrich VIII., Eduard VI., Maria I., Elisabeth I., Karl I., Karl II., Wilhelm III. von Oranien und Oliver Cromwell. Heinrich VIII. war der machtvollste Tudorkönig. Sein Sohn Eduard VI. wurde nur 15 Jahre alt. Für ihn herrschten Regenten, die den Protestantismus einführten. Anschließend regierte Eduards ältere katholische Halbschwester Maria (auch »Bloody Mary« genannt). Mit Elisabeth I. begann der Aufstieg zur britischen Weltmacht. Nach ihrem kinderlosen Tod folgten die Stuarts auf den Thron, was zu weiteren Unruhen führte. Oliver Cromwell gilt als der Urvater des britischen Parlamentarismus.

**1534**
Heinrich VIII. löst sich von der römisch-katholischen Kirche und begründet die Anglikanische Kirche. Er selbst wird deren Oberhaupt.

**1558**
Elisabeth I. wird Königin. Der erste Stadtplan Londons wird gezeichnet.

**1572**
Die Royal Exchange, die königliche Börse, öffnet ihre Pforten. Damit ist der Grundstein für das Finanzzentrum London gelegt.

**1584**
Walter Raleigh gründet die erste englische Kolonie in Amerika und bringt den Tabak nach England.

**1591**
Shakespeare führt erstmals eines seiner Dramen auf - der Beginn einer Karriere als Autor, Schauspieler und Theaterleiter in London.

**1605**
Der katholische Rebell Guy Fawkes versucht, das Parlament mit König Jakob I. in die Luft zu sprengen.

## Heinrich VIII.

»Geschieden, geköpft, gestorben, geschieden, geköpft, überlebt« – so lautet ein Abzählreim in England, der die Schicksale der sechs Frauen von Heinrich VIII. beschreibt. Seine turbulenten Ehen haben ihn unsterblich gemacht, aber

Heinrich VIII. mit Familie (oben, von Lucas de Heere) und als Staatsmann (unten, Gemälde eines unbekannten Künstlers).

nebenher auch Geschichte geschrieben: Da der Papst seine erste Ehe mit Katharina von Aragon nicht annullieren wollte, sagte er sich vom Papsttum los und schuf die Anglikanische Kirche. Mit seinen Feinden ging er ebenfalls gnadenlos um. Über 70 000 Menschen soll er umgebracht haben, weil sie ihm in die Quere kamen.

London in der Regierungszeit Elisabeths I.:

## Die Tudors

1485 kam ein Geschlecht an die Macht, unter dessen Regentschaft nicht nur Englands Aufstieg zur Weltmacht begann, sondern auch der Weg Londons zur Weltmetropole. Erster Tudor-König war Heinrich VII., der das Reich stabilisierte und die königlichen Schatztruhen füllte. Sein Sohn Heinrich VIII. liebte Prunk und Paläste – und die Frauen. Sein bedeutendster Beitrag zur Geschichte war jedoch die Trennung von der römisch-katholischen Kirche. 1536 vereinte der König Wales mit England, 1542 erklärte er sich zum König von Irland, das bereits seit knapp 400 Jahren unter englischer Herrschaft stand.

## Elisabeth I.

Die 45-jährige Regentschaft Elisabeths gehört zu den be-

Heinrich VIII., dargestellt in einem Gemälde von Hans Holbein dem Jüngeren (1497 oder 1498–1543).

**1642**
Der blutige Bürgerkrieg zwischen König und Parlament beginnt.

**1649**
König Charles I. aus dem Haus Stuart wird hingerichtet. Oliver Cromwell übernimmt die Macht.

**1660**
Die Monarchie wird nach dem Tod Cromwells mit Charles II. wieder eingeführt.

**1665**
Die Große Pestepidemie wütet in der Stadt und fordert 100 000 Todesopfer.

**1666**
Das Große Feuer von London zerstört fast die gesamte Stadt. London wird vollkommen wieder aufgebaut.

**1688**
Der katholische Jakob II. wird von seinem protestantischen Schwiegersohn Wilhelm von Oranien entthront.

Die London Bridge war bebaut mit Wohnhäusern, Geschäften und einer Kapelle (Kupferstich aus dem 17. Jahrhundert).

London wurde in der Großen Feuersbrunst von 1666 zum großen Teil zerstört.

deutendsten Epochen der englischen Geschichte. Unter ihrer Herrschaft etablierte sich England als Wirtschaftsmacht und als Seemacht. Nordamerika wurde zu einem lukrativen Ziel für das expansive England. Die Importe aus den neuen Kolonien machten London nicht nur reich, sondern brachten auch neue Moden mit sich. Es gehörte zum guten Ton unter den Wohlhabenden, Tabak zu rauchen und Kaffee zu trinken. 1598 wurde schließlich eine internationale Börse in London gegründet, die spätere Royal Exchange, was London zum bedeutendsten Handelsplatz der Welt machte.

## Die Stuarts

Elisabeths Nachfolger, ihr Vetter Jakob I., Sohn von Maria Stuart, war katholisch, ebenso dessen Nachfolger Charles I. Er stürzte wegen seines Machtkampfs mit dem erstarkenden Parlament das Land in einen Bürgerkrieg. Die reichen Kaufleute Londons und die

Puritaner unterstützten die parlamentarischen Rebellen unter Oliver Cromwell. 1646 wurde Charles geschlagen und hingerichtet. Cromwell herrschte elf Jahre über England – die erste tatsächliche Parlamentsregierung Europas. Nach seinem Tod 1658 wurde die Monarchie jedoch wieder eingeführt.

## Pest und Feuer

Weite Flächen Londons waren eng bebaut, schmutzig und überbevölkert. Pestepidemien hatte es immer wieder gegeben. Doch 1665 wütete die schlimmste Epidemie von allen, und sie forderte 100 000 Opfer. Kaum atmete die Stadt auf, schlug die nächste Katastrophe zu. Am 2. September 1666 entstand in einer Bäckerei in der Pudding Lane ein Feuer, das sich in den Gassen rasch ausbreitete. Vier Tage lang war London ein Flammeninferno, und am Ende waren fast 80 Prozent der gesamten Stadt vernichtet.

## William Shakespeare

»Der Barde«, wie Shakespeare in England liebevoll genannt wird, wurde 1564 in Stratford-upon-Avon geboren, heiratete dort Anne Hathaway und zeugte drei Kinder. Im Alter von Mitte oder Ende 20 zog er nach London, wo er die nächsten 20 Jahre seines Lebens verbringen sollte. Seine Stücke, Gedichte und Sonette waren bereits zu seinen Lebzeiten ein Erfolg, doch die weltweite An-

William Shakespeare, Ölgemälde von John Vanderbank (1694–1739).

erkennung erhielt er erst im 18. Jahrhundert. Als erstmals ein englisches Wörterbuch erstellt wurde – die englische Sprache war zuvor weder in Rechtschreibung noch Grammatik festgelegt –, dienten seine Werke und sein Gebrauch der Sprache zur Vereinheitlichung des Englischen. Shakespeare starb 1616. Über sein Leben ist nur wenig bekannt. Doch sein Vermächtnis hat die Literatur stark beeinflusst.

Unter der Herrschaft der hannoveranischen Georgs, die im 18. Jahrhundert den englischen Thron erbten, zog die Eleganz in London ein. Prächtige Bauwerke entstanden, wie die Cumberland Terrace am Regent's Park (rechts), die noch heute zu den feinsten Adressen gehört. Der Handel florierte, Schiffe aus Westindien brachten Reichtümer ins Land (ganz unten), das Themseufer wurde elegant bebaut, wie hier das Somerset House mit Blick auf die St. Paul's Cathedral (Mitte), und es entstand nach der London Bridge die erst zweite Brücke über den Fluss, die Westminster Bridge (oben), um dem Straßenverkehr gerecht zu werden.

| 1714 | 1717 | 1759 | 1768 | 1776 | 1802 |
|---|---|---|---|---|---|
| Die deutschen Kurfürsten von Hannover werden zu legitimen Erben des englischen Throns, den Georg I. besteigt. | Zu Beginn des 18. Jahrhunderts entstehen neue Stadtviertel, darunter das West End als elegante Stadterweiterung. | Kew Gardens wird als botanischer Garten angelegt und im gleichen Jahr wird das Britische Museum eröffnet. | Gründung der Royal Academy of Art, der Königlichen Kunstakademie. | England verliert nach dem Amerikanischen Unabhängigkeitskrieg und nach Unterzeichnung der Unabhängigkeitserklärung die amerikanischen Kolonien. | Die Eröffnung der Londoner Börse (Stock Exchange) stärkt London als Wirtschafts- und Finanzzentrum.. |

## Bank of England

Die Finanzen Englands lagen im 17. Jahrhundert darnieder, als Wilhelm von Oranien und seine Frau Mary den englischen Thron bestiegen. Der Schotte William Paterson schlug daraufhin eine Gläubigergemeinschaft vor, die dem Staat 1,2 Millionen Pfund borgen sollte. Diese Gemeinschaft etablierte sich als Bank of England, die vom Schuldenverwalter des Staates bald zur Finanzinstitution des Landes wurde, auch mit dem Recht, Bank-

Gründungsversammlung der Bank of England in der Mercers Hall.

noten herauszugeben. Die ersten Geschäftsräume befanden sich in den Zunfthäusern der Krämer. Erst 1784 zog die Bank in die Threadneedle Street, ihrem heutigen Standort, wo sie ihr Gebäude im Laufe der Jahrhunderte erweiterte. Heute ist sie eine der ältesten noch bestehenden Banken der Welt, mit einem guten Ruf – »Sicher wie die Bank von England.«

## Die neuen Könige

1688 kam es zu einem königlichen Putsch, als der protestantische Wilhelm von Oranien seinen Schwiegervater Jakob II. vom Thron stieß und sich selbst zum König erklärte. Er starb ohne Thronerben, ebenso seine Nachfolgerin und Schwägerin Königin Anne, die letzte der Stuarts auf dem englischen Thron.

Da der Monarch von England seit 1701 protestantisch zu sein hatte, wurde in der europäischen Verwandtschaft nach entsprechenden Nachfolgern gesucht – und in den Kurfürsten von Hannover gefunden. Die vier Georgs, die zusammen insgesamt 120 Jahre herrschten, begründeten eine eigene Dynastie, waren aber nicht immer sehr populär bei den Engländern.

Der erste Georg sprach Zeit seines Lebens kaum ein Wort Englisch und hielt sich häufig in Deutschland auf. Erst der dritte Georg wurde in England geboren und sprach Englisch als seine Muttersprache.

## London wächst

Zahlreiche ausländische Immigranten strömten ins aufstrebende London und suchten sich überwiegend im ärmeren Osten und Süden der Stadt eine Unterkunft, während die Wohlhabenderen

Rechts: Die Themse mit ihren Docks und Fährbooten zählte einst zu den verkehrsreichsten Flüssen der Welt.

**1806**
Admiral Horation Nelson, der an Bord der »Victory« am 21. Oktober 1805 bei Trafalgar gefallen war, wird in St. Paul's begraben.

**1811**
Georg III. ist geisteskrank und damit regierungsunfähig. Sein Sohn, der spätere Georg IV., wird Regent und neun Jahre später König.

**1815**
Der Architekt John Nash plant den Regent's Park, die Regent Street und The Mall.

**1829**
Durch Londons Straßen fahren die ersten von Pferden gezogenen Busse.

**1830**
Nach dem Tod von Georg IV. besteigt sein Bruder Wilhelm den Thron von England.

**1836**
Der erste Kopfbahnhof Londons entsteht in der Nähe der London Bridge.

## John Nash

Kaum ein Architekt hat Londons Straßen so nachhaltig geprägt wie John Nash. Die schönsten Bauwerke, Plätze und Anla-

Denkmal von John Nash vor der Church of All Souls.

gen wurden von ihm entworfen und teils auch umgesetzt. Er prägte die Epoche zwischen dem georgianischen und dem viktorianischen England, als Georg IV. aufgrund der Erkrankung seines Vaters als Regent eingesetzt wurde. Das Regency, wie jene Epoche genannt wurde, brachte Werke hervor wie den Trafalgar Square, Marble Arch und den Umbau des Buckingham Palace. Seine klassischen und bekannten Werke sind jedoch die Terraces, edle Stadthäuser wie Cumberland oder Carlton House, die noch heute Inbegriff des noblen Londons sind.

sich in den Vierteln im Westen und Norden niederließen. Diese Aufteilung gilt grob noch bis auf den heutigen Tag. Um 1700 hatte London rund 600 000 Einwohner und war somit Europas größte Stadt. Zu Beginn des 18. Jahrhunderts entstanden neue Viertel, überwiegend im feineren West End zwischen Soho und Hyde Park, die königlichen Paläste in Whitehall wichen Regierungpalästen und Verwaltungsgebäuden. Im aristokratischen Mayfair wurde der Grosvenor Square angelegt, und 1759 eröffnete man das Britische Museum. Schließlich benötigte die erweiterte Stadt auch eine neue Brücke, da die alte London Bridge längst nicht mehr ausreichte, um den zunehmenden Verkehr zu bewältigen. 1751 wurde die Westminster Bridge vollendet und zehn Jahre später die dritte Brücke, die Blackfriars Bridge, errichtet.

## Kunst und Kultur

London war im 18. Jahrhundert ein beliebtes Ziel von Künstlern aller Art. Georg Friedrich Händel komponierte hier u. a. seinen »Messias« und die »Wassermusik«, Gainsborough schuf seine schönsten Gemälde und Hogarth seine ironischen Zeichnungen vom Londoner Gesellschaftsleben. Populär wurden zudem die Vergnügungsparks wie Ranelagh und Vauxhall, in denen Konzerte, Feuerwerke und andere Lustbarkeiten stattfanden. Kaffeehäuser breiteten sich aus und entwickelten sich zu beliebten Treffpunkten, in denen über Politik und Geschäft diskutiert und Unterhaltung geboten wurde. Theater- und Opernhäuser wurden eröffnet und es entstanden populäre Inszenierungen, die

vom höfischen Ritual weit entfernt waren.

## Regency

Als König Georg III. in seinen letzten Jahren nicht mehr

Syon House im Südwesten Londons, Sitz des Herzogs von Northumberland.

Kenwood House in Hampstead wurde 1927 von Lord Iveagh dem Staat übergeben.

regierungsfähig war, übernahm sein Sohn, der vierte Georg, zunächst die Regentschaft für ihn. Mit ihm entwickelte sich ein völlig neuer Stil in London, der nach dieser Zeit benannt wurde:

Regency. Zu den bemerkenswertesten Repräsentanten jener Epoche gehörte der Architekt John Nash. Von ihm stammen die eleganten Häusereihen um den Regent's Park und in der Regent Street, er entwarf den Trafalgar Square, das Haymarket Theatre und den Umbau von Buckingham House zum Buckingham Palace. Eine weitere einflussreiche Figur war Beau Brummell, der erste »Dandy«, der den bis heute gültigen Herrenanzug »erfand«.

V. l. n. r.: National Gallery am Trafalgar Square, der Big Ben am Parlamentsgebäude in Westminster, die Tower Bridge, das Maritime Museum in Greenwich. Das viktorianische Zeitalter war die Epoche der technischen Innovation, der Museumsbauten und der Zelebrierung des britischen Weltreichs, »in dem niemals die Sonne untergeht«. Großbritannien war auf dem Höhepunkt seiner Macht und London die Hauptstadt der Welt. Doch hinter all dieser Pracht steckte auch Armut und Gewalt. Es war auch die Zeit von Charles Dickens, der das Elend der armen Londoner in seinen Romanen eindringlich beschrieb.

**1837**
Victoria wird zur Königin von Großbritannien und Irland gekrönt. Im gleichen Jahr erscheint Charles Dickens' Roman »Oliver Twist«.

**1840**
Der Postfachmann Rowland Hill setzt sich für eine Reform des Postwesens ein. Er führt einheitliches Porto und die Verwendung von Briefmarken ein.

**1843**
Die Nelson's Column wird am zentralen Trafalgar Square aufgestellt.

**1851**
Die erste Weltausstellung überhaupt, die Great Exhibition, findet in London im Crystal Palace, einem Eisen- und Glaspalast, statt.

**1861**
Prinz Albert, der Gatte Königin Victorias, stirbt an Typhus.

**1863**
Die erste U-Bahn der Welt nimmt in London ihren Betrieb auf. Sie verkehrt zwischen Paddington und Farrington Road.

## Underground

Die London Underground ist das älteste U-Bahnsystem der Welt, wobei Underground nicht ganz korrekt ist: Über die Hälfte der Strecken liegt oberhalb der Straßenfläche. Der erste Abschnitt verlief ab 1863 zwischen Paddington und Farringdon.

Oben: Bauarbeiten an der Underground.
Unten: Jubel bei der Eröffnung 1863.

Gut 20 Jahre später wurde die heutige Circle Line vollendet. Heute umfasst das Bahnsystem um die 400 Kilometer, elf Linien (eine zwölfte ist im Bau) und 268 Bahnhöfe. Pro Tag werden über drei Millionen Fahrgäste befördert. Damit verfügt die London Underground über das längste Streckennetz und die höchste Fahrgastzahl der Welt.

## Industrialisierung

Das London des 19. Jahrhunderts erlebte die größte Machtentfaltung Großbritanniens, eine rasante Industrialisierung, ein explosionsartiges Bevölkerungswachstum, aber auch den gewaltigen Unterschied zwischen Arm und Reich.

Der bedeutendste Entwicklungssprung fand in der ersten Hälfte des Jahrhunderts statt, als sich London zum größten Industrie- und Handelszentrum des Landes entwickelte. Die Industriegebiete in den Midlands waren mittlerweile durch ein weites Netz von Kanälen mit der Themse verbunden, was zu einem erhöhten Schifffahrtsaufkommen in London selbst führte. Auf dem Fluss drängelten sich Schiffe aus aller Herren Länder. Kaianlagen und Werften wurden gebaut, wie in Blackwell, Deptford und Greenwich. London besaß schon bald die meisten Werften der Welt. 1836 wurde die erste Eisenbahnstrecke von der London Bridge nach Greenwich gelegt. Mit der Erweiterung des Schienennetzes entstanden die Bahnhöfe Euston, Paddington, Fenchurch Street, Waterloo und King's Cross. 1863 schließlich nahm die erste Untergrundbahn zwischen Paddington und Farringdon Road ihren Betrieb auf, weitere Strecken folgten bald nach.

Ein Querschnitt durch eine Londoner Straße, mit Underground, Gas- und Wasserleitungen.

**1884**
Die Greenwich-Zeit macht London zum Nullpunkt und mithin zum Maß aller zeitlichen Dinge.

**1889**
Gründung des London County Council, der autonomen Stadtverwaltung.

**1890**
Die erste elektrisch betriebene U-Bahn fährt durch London und verbindet Banks mit Stockwell.

**1894**
Die Tower Bridge wird fertiggestellt und bietet fortan eine gute Möglichkeit, die Themse zu überqueren.

**1899**
Die ersten motorisierten Busse werden in Betrieb genommen und befördern Fahrgäste durch London.

**1901**
Im Alter von 81 Jahren stirbt Königin Victoria, die bereits zur Legende und historischen Gestalt geworden war.

Der größte Erfolg und ein Schaustück des Empire war die Weltausstellung von 1851, die erste ihrer Art und Symbol für Britanniens Überlegenheit. Die revolutionäre Ausstellungshalle aus Glas und Stahl, Kristallpalast genannt, präsentierte Technologie und Produkte aus aller Welt und verzeichnete über 200 000 Besucher. Der Palast wurde nach der Ausstellung vom Hydepark nach Sydenham im Süden Londons versetzt, brannte aber 1936 nieder.

bereits sechs Millionen. Während im Westen und Norden der City neue und feine Stadtteile entstanden, etwa Chelsea, Kensington, Paddington oder Hackney, und sich die feine Gesellschaft in noblen Clubs traf, drängten sich im Osten die ärmeren und ärmsten Menschen in engen Gassen und überbelegten Häusern und ertränkten ihre Sorgen in »Gin-Palästen«. Die Lebensbedingungen waren unvorstellbar. Kinder wurden zum Betteln geschickt, Kriminalität und Prostitution griffen um sich, Armut und Elend waren allgegenwärtig – im East End entstand der Begriff

schweben ließen. Schlimmer jedoch war das fehlende Kanalisationssystem. Die Abwässer von Millionen Londonern wurden direkt in die Themse geleitet, ein Umstand, der nicht nur zu einem unglaublichen Gestank führte, sondern auch zu verheerenden Epidemien in den ärmeren Stadtteilen. Mitte des Jahrhunderts starben rund 10 000 Londoner an der Cholera. Erst nach dem »Great Stink«, dem großen Gestank im heißen Sommer von 1858, der alle,

## Königin Victoria

Victoria, Königin des United Kingdom of Great Britain and Ireland und später auch erste Kaiserin von Indien, gehört noch immer zu den populärsten Figuren der britischen Geschichte. Sie ist das Symbol für den Höhepunkt der englischen Weltherrschaft und Namensgeberin einer ganzen Epoche. Victoria war erst 18 Jahre alt, als sie im Jahr 1837 zur Königin gekrönt wurde. Drei Jahre später heiratete sie ihren Vetter ersten Grades Prinz Albert von

Eröffnung der Weltausstellung.

Der Crystal Palace, Schauplatz der Weltausstellung von 1851 (kolorierter Holzstich).

Königin Victoria im Alter von 78 Jahren.

## Arm und Reich

Neben all diesem Reichtum, der in die Stadt floss, erlebte das viktorianische London auch sehr extreme soziale Kontraste. Die Bevölkerung wuchs schneller, als es die Stadt und ihre Infrastruktur verkraften konnten. Im Jahr 1800 zählte London noch eine Million Einwohner, hundert Jahre später waren es

des Slums. Um der Zustände Herr zu werden, wurden jedoch zunächst lediglich neue Gefängnisse gebaut, und 1829 richtete man die erste reguläre Polizeibehörde ein, die Metropolitan Police, die für Ruhe und Ordnung sorgen sollte.

## Londoner Luft

London zur Zeit Victorias stank zum Himmel. Überall wurde mit Kohleöfen geheizt, die eine ständige Dunstwolke über der Stadt

die sich nahe der Themse aufhielten, überwältigte, wurde der Ingenieur Joseph Bazalgette damit beauftragt, ein neues Kanalisationssystem zu bauen. Nach Beendigung der umfangreichen Arbeiten gingen dann die Cholera-Epidemien drastisch zurück, die damals bereits biologisch tote Themse hat sich allerdings erst in den letzten Jahren wieder erholt.

Sachsen-Coburg-Gotha, dem sie neun Kinder gebar und ein Leben lang zugetan war. Als Albert 1861 an Typhus starb, war Victoria untröstlich und trug bis zum Ende ihres Lebens die charakteristischen schwarzen Trauergewänder. Anders als ihre Vorfahren legte sie großen Wert auf Familie und Moral, eine Einstellung, die ihre Zeit prägte; bis heute bezeichnet man ein prüdes Verhalten gern als »viktorianisch«.

V. l. n. r.: Eduard VII. war der erste britische König aus dem Haus Sachsen-Coburg-Gotha; Georg V. gab im Ersten Weltkrieg alle deutschen Titel auf und benannte das Königshaus in Windsor um; Elisabeth II. gehört zu den Monarchen mit der längsten Regierungsperiode. Einen tiefen Einschnitt in die Stadthistorie stellten die Weltkriege dar. Deutsche

Bomber zerstörten im »Blitz«, wie die Luftschlacht um England während des Zweiten Weltkriegs genannt wird, große Teile Londons. Getroffen wurden auch die Hafenanlagen jenseits der Towerbridge, während die St. Paul's Cathedral die Bombardierung fast unbeschadet überstand.

**1908**
London ist erstmals Gastgeber der Olympischen Spiele.

**1915**
Im Ersten Weltkrieg fallen deutsche Zeppelin-Bomben auf die britische Hauptstadt.

**1922**
Die BBC, die British Broadcasting Corporation, strahlt ihre erste nationale Radiosendung aus.

**1926**
Ein Generalstreik legt die Londoner Wirtschaft lahm.

**1936**
König Eduard VIII. dankt als erster König Englands freiwillig ab, um Wallis Simpson zu heiraten. Nachfolger ist sein Bruder Georg VI.

**1940**
Winston Churchill wird Premierminister. Die ersten Bomben fallen auf London und zerstören große Teile der Stadt.

## Winston Churchill

Für manche blieb sein Motto »No Sports« als wichtigste Äußerung in Erinnerung. Churchill war der ultimative britische Kriegsminister. Er war rund 60 Jahre seines Lebens in verschiedenen Ämtern politisch aktiv, Premierminister von 1940

Winston Churchill im Jahr 1943.

bis 1945 und dann wieder von 1951 bis 1955, doch vor allem seine Amtsführung während des Krieges hat seinen Ruhm begründet. Der Mann mit dem Hang zum täglichen Whisky – er starb 1965 – gehört noch heute zu den großen Gestalten der britischen Geschichte. Im Jahr 2002 wurde er in einer Umfrage der BBC mit einer Million Stimmen zum größten Briten aller Zeiten gewählt.

## Die Weltkriege

Der Beginn des 20. Jahrhunderts brachte, zumindest für die Reichen, mehr Glanz und Modernität nach London. Erste motorisierte Busse zuckelten durch die Straßen, die ersten elektrischen U-Bahnen nahmen den Be-

Deutsche Heinkel He 111 bombardierten London am 9. Juli 1940.

trieb auf, Luxushotels wie das Ritz wurden gebaut, Harrod's, das bis heute größte Kaufhaus Europas, eröffnete sein neues Gebäude in Knightsbridge, und Unterhaltungspaläste wie das Palladium schossen wie Pilze aus dem Boden. London war eine Metropole, die über ein Viertel der Weltbevölkerung und ein Viertel der Landmasse der Erde regierte.

Der Erste Weltkrieg, brachte die große Ernüchterung. Zwar litt London selbst nicht übermäßig unter den Angriffen, aber was zunächst als kleineres Scharmützel gedacht war, entpuppte sich als menschliche und auch ökonomische Katastrophe. Großbritannien hatte zwar letztlich den Krieg gewonnen, aber die Opfer überstiegen alle Erwartungen. Der Verlust an Soldaten, die enormen Kosten und nicht zuletzt die Enthüllung, dass die übermächtige Kolonialmacht keineswegs die ganze Welt zu beherrschen vermochte, führten zum allmählichen Verfall des Empire. Zwischen den Kriegen wuchs die Bevölkerung Londons auf 7,5 Millionen Menschen an. Es entstanden neue Wohnsiedlungen, die immer weiter ins Umland vordrangen. Gleichzeitig stieg die Arbeitslosig-

keit, die Arbeitsbedingungen verschlechterten sich, was zu Unruhen und 1926 zum Generalstreik führte. Der Zweite Weltkrieg traf London weitaus härter. Der »Blitz«, also der Luftkrieg gegen London, zerstörte ein Drittel der Stadt, mitsamt der Werft- und Kaianlagen.

St. Paul's Cathedral (29.12.1940).

Tower Bridge (29.9.1940).

Die Klassenunterschiede verwischten sich zeitweise unter den deutschen Bomben, die Londoner hielten zusammen, und selbst die Königsfamilie bestand darauf, den Krieg in ihren Londoner Palästen zu verbringen.

## Die Nachkriegszeit

Wie im Ersten Weltkrieg ging Großbritannien auch

**1948**
London ist ein zweites Mal Schauplatz der Olympischen Spiele.

**1951**
Das »Festival of Britain«, eine Ausstellung zur Zukunft der kriegszerstörten Stadt, erinnert an die Weltausstellung vor 100 Jahren.

**1952**
Der Great Smoke nimmt London buchstäblich den Atem. Smog (aus »Fog« und »Smoke«) wird zum Inbegriff urbaner Luftverschmutzung.

**1953**
Königin Elisabeth II. besteigt nach dem Tod Georgs VI. den Thron.

**1956**
Erstmals fahren die roten Doppeldeckerbusser durch Londons Straßen

**1958**
Erste Rassenunruhen in Notting Hill verunsichern die Londoner.

aus dem zweiten Krieg als Sieger hervor. Doch die Wirtschaftslage war katastrophal und das Empire sollte in den kommenden Jahren völlig auseinanderfallen. In den Kolonien fand der neue Nationalismus überzeugende Fürsprecher wie etwa durch Mahatma Ghandi in Indien. Aber auch andere Länder in der Karibik, in Afrika oder in Asien verlangten vehement ihre Unabhängigkeit und erhielten sie schließlich auch, da Großbritannien keine Mittel mehr besaß, sie zu halten. Zahlreiche ehemals britische Untertanen flohen nach der Unabhängigkeit ihrer Heimatländer nach England.

In London bildeten sich die ersten Ghettos; im Statdteil Notting Hill siedelten zum Beispiel viele Migranten aus der Karibik, die dort heute ihren berühmten Notting-Hill-Karneval feiern. In Soho fanden sich zahlreiche Chinesen meist aus Hongkong ein. Nach Southall kamen Sikhs aus dem indischen Punjab und in Finsbury siedelten Griechen aus Zypern. Die ersten aufkommenden Rassenunruhen führten zur Verschärfung der sozialen Konflikte in der Stadt. Um dem Menschen-Zustrom und dem Bedarf an Unterkünften gerecht zu werden, ließ man neue und hässliche Wohntürme in Pimlico und im stark kriegszerstörten East End errichten.

Königin Elisabeth II. auf dem offiziellen Krönungsfoto aus dem Jahr 1953. Ihr Vater starb bereits im Jahr zuvor.

## Elisabeth II.

Die »Queen«, wie sie nur kurz genannt wird, ist nicht nur die britische Königin und Oberhaupt der Anglikanischen Kirche, sondern gekröntes Oberhaupt von 16 unabhängigen Staaten, darunter Kanada, Australien und Neuseeland, sowie deren Territorien, von all den weiteren Titeln ganz zu schweigen. Ihre Rolle ist jedoch nur noch repräsentativ, eine politische Meinung darf sie nicht äußern, sich schon gar nicht in die Politik einmischen. Gleichwohl ist sie ein Fokus der britischen Gesellschaft, wenn auch eher der Klatschspalten denn der politischen Kommentare.

**Krönung in der Westminster Abbey.**

Ihr eigenes Leben ist weitgehend makellos, geprägt von konservativer Langeweile, nicht jedoch das ihrer Familie, die in der Vergangenheit für reichlich Skandale sorgte. All das hat Elisabeth unbeschadet überstanden. Sie trägt die Krone seit 1953 und ist nach ihrer Vorgängerin Königin Victoria die am längsten amtierende Königin des Vereinigten Königreichs – an eine Abdankung ist noch lange nicht zu denken.

Ikonen aus Kultur und Politik (v. l. n. r.): Innovativer Popstar David Bowie, seit den 1960er-Jahren im Musikgeschäft; Beatle John Lennon, der 1980 in New York ermordet wurde; Modedesignerin Mary Quant, die den Minirock und die Hotpants erfand; Premierministerin Margaret Thatcher, die »eiserne Lady«, die das Gefüge der britischen Gesellschaft veränderte; Premierminister Tony Blair, Erfinder von »Cool Britannia« und »New Labour«; Architekt Sir Norman Foster, dessen Werke in der ganzen Welt Aufsehen erregen. In London schuf er zum Beispiel das sogenannte Gherkin (unten rechts im Hintergrund).

**1963**
Gründung des Nationaltheaters (Royal National Theatre) im Old Vic.

**1971**
Bau der neuen London Bridge über die Themse.

**1979**
Margaret Thatcher wird Premierministerin, die erste Frau in diesem Amt.

**1981**
Im Londoner Stadtteil Brixton brechen die gewalttätigsten Rassenunruhen in der Geschichte Londons aus.

**1982**
Schließung der letzten Hafenanlage im Londoner Stadtgebiet.

**1986**
Margaret Thatcher löst das Greater London Council auf.

## »Swinging London«

In den 1960er-Jahren war London erneut das Zentrum der Welt. Allerdings eher auf kultureller Ebene. »Swinging London« war das Synonym für eine neue Kulturrevolution, die aus den restriktiven 1950er-Jahren entsprang. Musik und Mode aus London gehörten bald zum Nonplusultra in der gan-

## Slums und Hochhäuser

Es dauerte lange, bis sich London aus dem Grau und der Ödnis der Nachkriegsjahre erholte. In Sachen Stadtplanung schossen die Verantwortlichen zunächst aber weit übers Ziel hinaus. Was die Bomben des »Blitz«

graf Peter Ackroyd. Aber nie war sie hässlicher als in den Jahrzehnten nach dem Zweiten Weltkrieg. Das änderte sich ab den 1970er-Jahren, als Yuppies, junge Menschen mit viel Geld und Kreativität, allmählich in heruntergekommene Viertel zogen und sie »aufpolierten« – »gentrification« lautete das Schlagwort dafür, das mittlerweile auch in anderen Städten Europas

tiefte sich, die Arbeitslosigkeit stieg, während das »Big Business« blühte. Thatchers Regierungszeit war von sozialen Unruhen geprägt, die sich in den Rassentumulten 1981 in Brixton und 1985 in Tottenham entluden. Bomben der IRA, der irischen Untergrundarmee, verunsicherten seit den 1970er-Jah-

»Beatlemania«: die Polizei hält 1965 begeisterte Fans vom Buckingham Palace fern, wo die Beatles von der Königin geehrt wurden.

Twiggy, das erste Mager-Model.

zen Welt. Die Rolling Stones oder The Who eroberten mit ihrer Musik und ihrem exzessiven Verhalten eine Generation, die von Klassenunterschieden genug hatte. Mary Quant schuf eine Mode, die eine ganze Epoche beeinflusste. Models wie Twiggy oder Jean Shrimpton setzten neue Schönheitsstandards. Die Kulturrevolution wurde zur leisen sozialen Revolution und sollte London für immer verändern.

nicht geschafft hatten, erledigten jetzt die Abrissbirnen und mithin die Baugesellschaften, die sich ein moderneres London erträumten. Sie rissen zahlreiche der alte Straßenzüge, manches historische Haus und damit auch eine gewachsene Infrastruktur nieder. »London war schon immer eine hässliche Stadt«, schrieb ihr Bio-

die Neubelebung heruntergekommener Viertel bezeichnet.
Nach der Rezession der 1970er-Jahre, als die Docklands, das traditionelle Zentrum des Londoner Schiffbaus, ihrem Niedergang entgegensahen und weitgehend brach lagen, schaffte die rigide Wirtschaftspolitik von Margaret Thatcher wieder einen Aufschwung – allerdings nicht für alle. Der Graben zwischen Arm und Reich ver-

ren bis Mitte der 1990er-Jahre die Londoner und richteten erhebliche Schäden an. Gleichwohl schaffte es die Stadt, sich, wie stets in ihrer Geschichte, selbst zu erneuern. Der Canary-Wharf-Komplex im Osten der City wurde als neues Finanzzentrum geboren.
Die Skyline der Stadt wird sich in nächster Zukunft ver-

# London 1960–heute

**1990**
Die umstrittene Kopfsteuer führt zu gewalttätigen Auseinandersetzungen am Trafalgar Square.

**1992**
Canary Wharf, der erste Schritt zur Erneuerung der Docklands, ist fertig.

**1997**
Die Labour-Partei unter Tony Blair erringt einen Erdrutschsieg. Im gleichen Jahr stirbt Prinzessin Diana, die geschiedene Frau des Thronfolgers.

**2000**
Ken Livingstone wird zum Bürgermeister der unter Labour wieder eingeführten Stadtverwaltung gewählt.

**2005**
London wird wie New York und Madrid zum Ziel von Bombenanschlägen islamischer Terroristen.

**2012**
London freut sich auf die dritte Olympiade in der Geschichte der Stadt und investiert mehr denn je in bislang vernachlässigte Viertel.

ändern. Schon jetzt wird sie von postmodernen Hochhäusern dominiert, wie dem Canada Tower, dem Gebäude von Lloyd's of London oder dem »Gherkin«, einem gurkenförmigen gläsernen Hochhaus.

## Die Weltstadt

London ist eine der führenden Metropolen der Welt und mit New York und Tokio eine der drei Schaltstellen der globalen Wirtschaft. Daneben ist die Stadt auch noch das weltgrößte Luftfahrtdrehkreuz mit fünf internationalen Flughäfen; Heathrow ist der verkehrsreichste der Welt. Die Stadt hat 7,7 Millionen Einwohner, in der Greater London Area, also im Bereich innerhalb des Autobahnrings M25, leben um die 14 Millionen Menschen. London war von jeher eine internationale Stadt mit einem Hang zum »Multikulti«, das allerdings nicht immer reibungslos funktioniert. Um die 300 verschiedene Sprachen werden hier gesprochen. Durch den Eurostar ist London auch über den (unteririschen) Landweg mit dem Festland verbunden, was aber keine Zugehörigkeit zu Europa signalisiert. London begreift sich als eine Welt für sich, eine globale Stadt, die schon immer ihren eigenen Weg ging.

V. o. n. u.: Londons neues Gesicht – Lloyds Building, Tate Modern, London Eye, Millenium Dome, Docklands. Links: »Gherkin« von Norman Foster.

Die Kathedralen des Geldes stehen in der City einträchtig neben jener der Spiritualität. Die Finanzpaläste des Tower 42 und des extravaganten Swiss Re Building, bekannt auch als »The Gherkin« (»Die Gurke«), dominieren heute die Silhouette (großes Bild), doch die St. Paul's Cathedral mit ihrer prunkvollen Ausstattung (kleines Bild) steht für den Durchhaltewillen einer Nation, die einst die Welt beherrschte.

# CITY OF LONDON

Die City of London, auch kurz City genannt, ist der historische Kern Londons, hervorgegangen aus dem römischen Handelsplatz Londinium. Seit dem Mittelalter haben sich die Grenzen der City nicht verändert: eine Quadratmeile im Häusermeer der Großstadt. Heute werden hier bei Tag globale Geschäfte getätigt – neben New York ist London der größte Finanzhandelsplatz der Welt. Bei Nacht jedoch wird die City fast zur Geisterstadt, wenn die über 300 000 Menschen, die hier arbeiten, die Marmor- und Glaspaläste verlassen.

Die Tower Bridge ist ein Symbol Londons, bekannt in der ganzen Welt. Die Höhe der beiden Brückentürme beträgt 65 Meter, die Fahrbahn befindet sich neun Meter über dem Fluss, die Fußgängerbrücke 43 Meter. Täglich mehrmals, im Sommer bis zu zehnmal, wird das Mittelteil hochgeklappt, um großen Schiffen die Durchfahrt zu ermöglichen

## Tower Bridge

Die 1894 eröffnete Tower Bridge gehört nicht nur zu den Wahrzeichen Londons, sondern sie ist auch ein bedeutendes Zeugnis der Ingenieurskunst der damaligen Zeit. Mitte des 19. Jahrhunderts war das Londoner East End so dicht bevölkert, dass eine Brücke notwendig wurde. Bis zu jener Zeit hatte man alle neuen Brücken westlich der London Bridge errichtet, da im Osten die Hafenanlagen und der Schiffsverkehr nicht behindert werden durften. Die Lösung war eine kombinierte Klapp- und Hängebrücke. Dampfmaschinen setzten die Hydraulik in Gang, welche die Brücke innerhalb weniger Minuten öffnen konnte; heute geschieht dies mittels Elektrizität. In beiden Türmen befindet sich eine Ausstellung zur Geschichte des Bauwerks. Der mittlerweile verglaste Fußgängerübergang hoch über der eigentlichen Brücke bietet einen umwerfenden Blick.

Wilhelm der Eroberer (unten rechts: Illustration aus dem »Book of Arms«, um 1445) ließ die Festung am Fluss erbauen, die fast tausend Jahre ein Hort des Schreckens war, den heutige Besucher mit leichtem Gruseln genießen. Alljährlich besuchen über zwei Millionen Menschen den Tower, nicht nur wegen der königlichen Köpfe, die hier rollten oder der unliebsamen Adligen, die in den Kerkern darbten, sondern auch wegen der altertümlichen Zeremonien und vor allem wegen der britischen Kronjuwelen, wie der Diamantenkrone von Königin Victoria (kleine Bilder unten links).

ENTRY TO THE TRAITORS' GATE

# Tower of London

Am östlichen Rand der City wacht die massive Anlage mit dem langen Namen »Her Majesty's Royal Palace and Fortress The Tower of London« an der Themse, gemeinhin nur als Tower bezeichnet. Im Mittelpunkt des Areals steht der White Tower, ein wuchtiger Festungsbau, den Wilhelm der Eroberer nach seiner Krönung zum König von England 1078 erbauen ließ. Er sollte nicht nur die Stadt vor Angriffen schützen, sondern den normannischen Herrschern auch ein wachsames Auge auf die unabhängigen und selbstbewussten Londoner gewährleisten. Im 12. und 13. Jahrhundert wurden die beiden Wälle und der Festungsgraben angelegt. Bis ins 17. Jahrhundert war der Tower königliche Residenz, bis ins 20. Jahrhundert Gefängnis und bis heute eine königliche Schatzkammer, in der seit über 300 Jahren die Kronjuwelen der Öffentlichkeit präsentiert werden.

Architektonische Gegensätze bilden der viktorianische Leadenhall Market (großes Bild und unten rechts) und das postmoderne Lloyd's Building daneben. Nach der Gründung in einem Kaffeehaus und mehreren Umzügen wurde schließlich das heutige Gebäude nach einem Entwurf des Architekten Richard Rogers von 1978 bis 1986 gebaut. Die eleganten, spiralförmigen Treppenhäuser in Edelstahl sind ein Markenzeichen außen, auch in den Innenräumen ist die Architektur kühn. Nur der Committee Room im 11. Stock besteht aus einem Zimmer aus dem 18. Jahrhundert.

## Lloyd's of London

Bei Nacht erstrahlt das Lloyd's-Gebäude besonders dramatisch: Flutlichter verleihen der Stahl- und Glaskonstruktion dann ein nahezu außerirdisches Flair. Tagsüber wirken die gläsernen Außenaufzüge, die Treppenhäuser und die Versorgungsleitungen, als wäre das Innere des Hauses nach außen gekehrt – was auch in der Absicht des Architekten Richard Rogers lag. Sein innovativer und preisgekrönter Entwurf war bei der Einweihung 1986 eine architektonische Sensation, wird mittlerweile aber von weitaus gewagteren Gebäuden übertroffen. Für die Versicherungsbörse Lloyd's of London war es ein langer Weg vom Kaffeehaus des Edward Lloyd im Jahr 1688 bis zum Stahlpalast von Richard Rogers. Über die Jahrhunderte hat sich die Gesellschaft zum Versicherungsgiganten entwickelt, der die höchsten Risiken – und selbst die schönsten Beine versichert.

Frühstück bei Tiffany: Ein Monument des Reichtums ist die Royal Exchange gegenüber der Bank of England noch immer (großes Bild und oben). Heute jedoch wird nicht mehr mit abstrakten Werten in der prachtvollen zentralen Halle der einstigen Börse gehandelt, sondern mit handfesten Kostbarkeiten. Luxusgeschäfte von Gucci und Cartier oder de Beers bis zu Hermès und eben auch Tiffany locken die Reichen und Schönen in das edle Ambiente, die sich nicht nur mit Kaffee an der feinen Austernbar vom Geldausgeben erholen können (Bildleiste links).

## Royal Exchange, Bank of England

Im Jahr 1694 unterbreitete der Schotte William Paterson dem stets klammen und kriegsbereiten König Jakob II. das Angebot, der Regierung 1,2 Mio. Pfund Sterling zu borgen und zu diesem Zweck eine Aktienbank zu gründen. Die Bank von England machte bald blühende Geschäfte. Das erste Bankhaus wurde in Walbrook gebaut, und zwar auf dem Grund des römischen Mithras-Tempels, dessen Fundamente allerdings erst 1954 entdeckt wurden. 1734 verlegte man den Standort in die Threadneedle Street. Das funktionale, gleichwohl imposante Gebäude von heute stammt aus dem frühen 20. Jahrhundert und wurde von Kritikern wegen der unsensiblen Architektur als ästhetisches Verbrechen bezeichnet. Das weitläufige Museum der Bank of England mit zahlreichen historischen Exponaten ist an der Ostseite untergebracht.

Das klassische Pint (etwas mehr als ein halber Liter) Ale oder ein gepflegter Gin & Tonic nach getaner Arbeit oder dem Einkauf sind noch immer ein Fixpunkt des Tages in den zauberhaften viktorianischen Pubs Londons. Die meisten Pubs wie beispielsweise das Shipwrights Arms (unten) sind innen holzgetäfelt und liebevoll geschmück mit Souvenirs und allerlei Tand.

# PUBS – REICHLICH ALE UND VIEL GESELLIGKEIT

Das traditionelle englische Pub ist Herz und Seele der englischen Nation, eine Institution, die das soziale Leben seit jeher bestimmt. Man trinkt dort nach Feierabend, man tauscht den neuesten Klatsch aus, trifft sich mit Freunden, Bekannten, Kollegen und lernt auch neue Leute kennen. Das mag sich in einer Großstadt wie London etwas verwässert haben, aber das »local«, das lokale Pub im Stadtteil oder nahe dem Arbeitsplatz spielt noch immer eine große Rolle – und ist dabei ein großer Gleichmacher. Klassen- und Altersunterschiede gibt es nicht, im Pub treffen die Generationen und die unterschiedlichen sozialen Schichten aufeinander.

Das Public House, wie der volle Name lautet, eine Bezeichnung aus viktorianischen Zeiten, ist eine altmodische Angelegenheit. Es gibt die Bar mit Hockern, ein paar Tische und Stühle oder Sitzecken, Holzverkleidung und Teppich, meist einen scheppernden Spielautomaten, ein Dartbrett und immer häufiger auch einen Fernseher. Bestellt und gleich bezahlt wird an der Bar, eine Bedienung gibt es im Prinzip nur, wenn mittags oder auch mehr und mehr abends warme Gerichte serviert werden – der Trend geht allmählich zum Gastropub. Üblicherweise jedoch ist das Pub ein Hort der Trinker, die sich traditionellerweise das englische Ale sehr wohl schmecken lassen.

Die Guildhall gehört zu den altehrwürdigsten Gebäuden der City. Sie wird heute hauptsächlich für Staatsempfänge genutzt, birgt aber auch eine Kunstgalerie (untere Bildleiste). Eine Figur des Magog (Bild rechts), einer der beiden legendären Figuren in der Guildhall, wird bei der Lord Mayor's Show, der Bürgermeisterparade, herumgetragen.

# Guildhall

Seit dem Mittelalter wurde von der Guildhall aus die City of London regiert, und bis heute dient das mittelalterliche Gebäude als repräsentatives Zentrum dieser Stadtverwaltung. Zumindest das Mauerwerk stammt noch aus dem frühen 15. Jahrhundert – die Guildhall dürfte somit eines der ältesten Bauwerke Londons sein. In der Großen Halle, einem prachtvollen Repräsentationsraum, sind die Wappenschilder der zwölf Zünfte zu sehen, deren Repräsentanten London einst mit uneingeschränkter Macht beherrscht haben. Unterhalb der Halle erstreckt sich die größte mittelalterliche Krypta Londons, und im westlichen Gebäudeteil befindet sich u. a. ein Uhrenmuseum. In einem weiteren Gebäudeteil ist die Kunstgalerie untergebracht, in der Gemälde Londons aus verschiedenen Epochen zu sehen sind; außerdem befinden sich hier Reste des römischen Amphitheaters.

Das Barbican Estate gilt als sehr umstrittenes Wohnensemble Londons, allerdings in exquisiter Lage am Rand der City. Heute steht es nicht nur unter Denkmalschutz, sondern bildet auch den Rahmen für Kunst, wie bei dieser Videoinstallation (großes Bild). Eigentlicher Mittelpunkt ist jedoch der Kulturkomplex Barbican Centre, in dem Aufführungen aller Art stattfinden, wie etwa die Performance von Laurie Anderson, die Tanzproduktion der Merce Cunningham Dance Company und das Schauspielprojekt »The Elephant Vanishes« (Bildleiste rechts von oben).

# Barbican Centre

Der riesige Komplex in brutaler Gigantomanie wurde in den 1960er- und 1970er-Jahren auf einem brachliegenden Areal am Rand der City errichtet. Zunächst wurden Wohnhochhäuser gebaut – einige davon mit 42 Stockwerken die höchsten Londons –, wie sie typisch für jene Zeit waren und sich andernorts rasch zu sozialen Brennpunkten entwickelt hätten. Der Barbican-Komplex konnte diesem Schicksal jedoch knapp entgehen, nicht zuletzt wegen des größten europäischen Kulturzentrums, das sich dank hervorragender Qualität der Angebote unter Londonern großer Beliebtheit erfreut. Das London Symphony Orchestra und das BBC Symphony Orchestra haben das Barbican zu ihrem Stammhaus erwählt, erstklassige Theater-, Film- und Ballettaufführungen locken die Kulturbeflissenen in die Hallen, hervorragende Fotoausstellungen schmücken die Barbican Gallery.

Die elegante Kuppel (rechts) der schönsten Kathedrale Londons ist Symbol und Wahrzeichen der Stadt. Die Ausstattung ist von einzigartiger Pracht mit ihren lichten Höhen (das Kuppelinnere), dem Figurenschmuck (Königin Anne) und der reichen Ornamentik im gewaltigen Schiff.

# St. Paul's Cathedral

Stolz und unübersehbar thront die prachtvolle Kuppel der St. Paul's Cathedral inmitten der Finanzpaläste der City. Bereits seit 1400 Jahren steht auf dem Ludgate Hill in der City eine christliche Kirche. Die heutige englisch-barocke St. Paul's Cathedral ist bereits die fünfte Version und ohne Frage die prächtigste. Die Feuersbrunst von 1666, die fast ganz London vernichtete, machte auch vor der mittelalterlichen St. Paul's nicht Halt. Mit der Auf-gabe des Neubaus wurde der Architekt Sir Christopher Wren betraut, der auch für die Entwürfe für weitere rund 50 Kirchen in der zerstörten Stadt zuständig war. Wrens Pläne wurden mehrmals abgelehnt, doch schließ-lich wurde 1677 der Grundstein für das Bauwerk gelegt, 20 Jahre später fand der erste Gottesdienst darin statt. Christopher Wren war der Erste von vielen Größen der britischen Geschichte, die hier begraben wurden.

Die Westminster Bridge (rechts: ein Gemälde aus dem 18. Jahrhundert) ist Londons zweitälteste Brücke, die der Dichter William Wordsworth einstmals mit den Worten beschrieb: »Earth has not anything to show more fair...« – Nichts Schöneres hat die Welt zu bieten. Doch die heutige Brücke stammt aus späterer Zeit und hätte den Dichter wohl kaum zur Poesie angeregt. Die Blackfriars Bridge (Bild oben) ist die dritte Brücke, die über die Themse gebaut wurde, während die nur Fußgängern vorbehaltene Millennium Bridge (unten) die bislang jüngste ist.

# LONDONS BRÜCKEN

Die Themse war seit jeher die Lebensader Londons. Sie versorgte die Stadt mit Wasser und Lebensmitteln, verband sie mit dem englischen Hinterland ebenso wie mit dem Rest der Welt, ermöglichte einen blühenden Handel und führt letztlich zu Macht und Reichtum der Metropole. Bis 1750 jedoch, als die Westminster Bridge gebaut wurde, gab es nur eine einzige Brücke über den Fluss, die London Bridge. Ihre Ursprünge gehen auf das 1. Jahrhundert zurück, als die Römer die erste Holzbrücke an dieser Stelle errichteten. Sie wurde im Lauf der Jahrhunderte mehrmals neu gebaut, unter anderem bestand sie aus einem von Geschäften gesäumten Konstrukt, das in der Mitte nur vier Meter Durchgang erlaubte. Sie war dermaßen überfüllt und verstopft, dass 1733 schließlich das Dekret, sich links zu halten, erlassen wurde – die Geburt des britischen Linksverkehrs. Die heutige Version der ältesten Brücke Londons ist eine mehrspurige und pragmatische Angelegenheit. Die Überquerung des Flusses garantierten in erster Linie Fähren und kleine Boote. Doch mit zunehmendem Wachstum und Verkehrsaufkommen wurden auch mehr Brücken benötigt. Im 19. Jahrhundert wurden erstmals zusätzliche Brücken gebaut, weitere entstanden bis in jüngste Zeit (Millennium Bridge). Heute überspannen 34 Brücken die Themse.

Im berühmtesten Gerichtsgebäude der Welt wird seit Jahrhunderten Recht gesprochen, stets unter großer Anteilnahme der Öffentlichkeit. In früheren Zeiten wurde die Todesstrafe recht häufig ausgesprochen. Verurteilung zum Tod durch Erhängen war noch bis ins 20. Jahrhundert in Großbritannien möglich, auch wenn dies nicht immer umgesetzt wurde. 1808 wurde immerhin die Todesstrafe für Taschendiebstahl abgeschafft, Mörder jedoch wurden stets hingerichtet und dann gleich in die Anatomie der Surgeons Hall im Old Bailey verbracht (rechts).

# Old Bailey

Krimis mögen einem den Nachtschlaf rauben, Gerichtsfilme können fesseln. Nichts aber geht über eine echte Verhandlung im zentralen Kriminalgericht von London. Das Gebäude von 1907 mag vielleicht nicht viel hermachen, aber dort werden bis heute die spektakulärsten Kriminalfälle verhandelt, die auch jenseits der Insel Schlagzeilen machen. Oscar Wilde stand hier seinerzeit vor dem Richter, allerdings in einem früheren Gebäude.

Freigesprochen wurden die Guildford Four, vier angebliche IRA-Mitglieder, die nach 15 Jahren Haft hier 1990 ihre Unschuld beweisen konnten. Der »Yorkshire Ripper« hingegen fand im Old Baileys 1981 seine gerechte Strafe. Der Standort des Gebäudes hat eine lange juristische Tradition. Hier befand sich bis 1902 das berüchtigte Newgate-Gefängnis. Die Verurteilten wurden dort bisweilen öffentlich hingerichtet.

Nicht mehr viele Zeitungen werden in der Fleet Street produziert, aber ihre Stammhäuser sind noch vorhanden. Zu den schönsten zählt der Art-déco-Bau des Daily Express (rechts), der in Großbuchstaben die Massen mit Klatsch versorgt. Das Gebäude ist nicht zugänglich, wohl aber das Pub Old Bank of England (ganz rechts). St. Bride's (unten), die Kirche der Journalisten, wird von der Branche noch immer in Ehren gehalten.

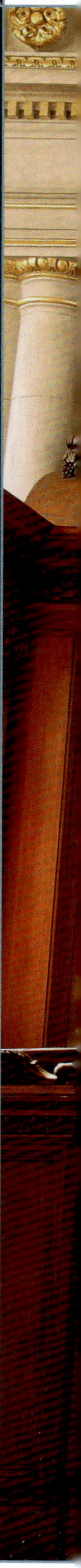

# St. Bride's, Fleet Street

Der schlanke Turm von St. Bride's ist in London weithin zu sehen. Die heutige Kirche ist nach der St. Paul's Cathedral die höchste, die Sir Christopher Wren entworfen hat, und vermutlich ist sie auch das älteste Gotteshaus Londons. Gewidmet ist sie Bridgit von Kildare, einer irischen Heiligen. Die Kirche befindet sich in der Fleet Street, einst das traditionelle Zeitungs- und Druckereiviertel Londons. So war sie seit je die Kirche der Verleger und Journalisten. In der Krypta gibt es eine Ausstellung zur Druckindustrie Londons von der ersten Druckerpresse bis heute. Obwohl die britische Presse zum großen Teil nach Wapping umgezogen ist, dient die Kirche noch immer als eine Art Refugium für Presseleute. Plaketten, Karten, Kerzen und Fotos erinnern an all jene Journalisten, die unabhängig von Religion oder Herkunft bei der Ausübung ihres Berufes den Tod fanden.

Ein Palast des Volkes: der Palace of Westminster mit dem weltberühmten Uhrturm, Big Ben genannt. Die Melodie des Glockenwerks soll eine Variante der Arie »I know that my redeemer liveth« aus Georg Friedrich Händels »Messias« sein. In der Central Hall, der alten Markthalle von Covent Garden, haben sich viele Läden und Cafés angesiedelt, die zum Shoppen, Verweilen und Einkehren einladen (kleines Bild).

# WESTLICH DER CITY

Die Reichen und Mächtigen haben es seit dem 17. Jahrhundert vorgezogen, sich westlich der City niederzulassen, wo die Luft besser war und wo der Platz ausreichte, um Paläste zu bauen, gepflegteren Vergnügungen nachzugehen und feinere Waren zu kaufen. So befinden sich heute die meisten Sehenswürdigkeiten, die meisten Theater und die schönsten Londoner Einkaufsviertel im West End. Mittlerweile steht der Name für Kultur und Nachtleben, und Westminster ist das politische Zentrum Großbritanniens.

Kultur pur: Das Somerset House bietet nicht nur große Kunst (rechts: die Kunstsammlungen der Courtauld Gallery), sondern auch Vergnügen für das Volk, wie ein Open-Air-Kino im Sommer (unten links) oder die winterliche Eisbahn unter dem Weihnachtsbaum (unten rechts).

## Somerset House

Den einstigen Sitz einer Steuerbehörde in einen Hort der Kunst, Kultur und Unterhaltung zu verwandeln, war ein genialer Schachzug. Das Somerset House hat diesen Wechsel mit Bravour geschafft. Das klassizistische Gebäude wurde Ende des 18. Jahrhunderts als Sitz für akademische und königliche Gesellschaften und somit als erstes Gebäude für den »öffentlichen Dienst« errichtet. Die vielen kulturellen Einrichtungen haben die Londoner im Handumdrehen für das Haus eingenommen. Drei Kunstmuseen sind hier untergebracht: Das Courtauld Institute of Art mit Werken Alter Meister und impressionistischen Gemälden, die Gilbert Collection mit Kunsthandwerk und die Hermitage Rooms mit Exponaten aus der Eremitage in St. Petersburg. Highlight ist jedoch der Innenhof, der im Sommer 55 Wasserfontänen sprudeln lässt und im Winter zur schönsten Eisbahn Londons wird.

Shopping und Kunst: Der alte Covent Garden Market heißt heute Covent Garden Piazza. Im renommierten Royal Opera House werden Opern aufgeführt (oben Mitte: eine Szene aus der Oper »Wozzeck«), aber auch zeitgenössisches Ballett und Theater mit internationalen Künstlern.

## Covent Garden

Covent Garden war seit dem 17. Jahrhundert ein Zentrum des Volksvergnügens. Es begann mit dem großen Markt, der heute noch zahllose Schau- und Kauflustige anzieht. Doch bald schon gab es allerlei Unterhaltungseinrichtungen und fahrende Künstler. Im 18. Jahrhundert erwies sich die »Bettleroper« von John Gay, ein Stück, das im Gegensatz zur höfischen Oper das einfache Volk unterhalten sollte, als ein solch großer Erfolg, dass ein erstes Theater gebaut wurde, das Theatre Royal, das in der Folge als Inbegriff der großen, aber volksnahen Kunst galt. Die jüngste architektonische Version des Theaterhauses ist die Royal Opera, die zu den bedeutendsten Opernhäusern der Welt gehört. Der eigentliche Stadtteil Covent Garden ist heute ein großes Amüsierviertel, das Unterhaltung in alter Tradition für jeden Bedarf und vor allem für die breite Masse bietet.

Bilder rechts: Theatre Royal Drury Lane und Garrick Theatre (Mitte). Die Bilder links oben zeigen das Haymarket Theatre, in dem 1729 die »Bettleroper« uraufgeführt; darunter das Aldwych Theatre, einst Domizil der Royal Shakespeare Company in London. Das Coliseum Theatre (großes Bild und rechts, eine Szene aus dem Ballett »Giselle«) ist die Heimat der English National Opera und des English National Ballet.

# THEATERSZENE WEST END

Wenn sich in einem der großen Theater Londons der Vorhang hebt, kann man gewiss sein, dass man erste Qualität und so manchen Film- und Fernsehstar zu sehen und zu hören bekommt. Und wenn sich der Vorhang wieder senkt, rauscht begeisterter Applaus auf. Die Londoner sind leidenschaftliche Theaterbesucher, aber auch sehr

anspruchsvoll. Mittelmaß hat hier keine Chance. Glitzerndes Zentrum der Londoner Theaterszene ist das West End mit seinen über 50 großen Theatern, einstmals traditionelle Häuser mit nun überwiegend kommerziellen Produktionen, die oft eine recht lange Laufzeit haben. Legendär ist das Stück »Die Mausefalle«, das 26 Jahre lang

lief. Heute sind es überwiegend Musicals, die zum Publikums- und Dauerrenner geworden sind. Doch auch die große Kunst, meist staatlich subventioniert, ist hier angesiedelt, wie das Coliseum Theatre, das der English National Opera und dem English National Ballet als Stammhaus dient. Zahllose weitere Theatergruppen

bieten außerhalb des Theaterlands im West End großartige Unterhaltung jeglicher Sparte, oft in alten Traditionshäusern, manchmal in modernen Betonbauten und gelegentlich auch im Hinterzimmer eines Pubs. Für Theaterfreunde ist London ein Dorado – und für die Künstler manchmal das Sprungbrett zum Weltruhm.

Die National Gallery mit ihrer klassizistischen Fassade dominiert den Platz (großes
Bild), Zentrum ist die 52 Meter hohe Nelson-
säule. (unten). Der Platz ist umgeben von
Reiterstatuen, hier mit Blick auf den Big Ben
im Hintergrund (rechts). In der 1721–1726
erbauten Kirche St. Martin-in-the-Fields
(ganz rechts) finden heute Konzerte statt.

# Trafalgar Square

Auf dem Trafalgar Square scheint sich die gesamte Geschichte des einstigen britischen Empire zu konzentrieren, hier spiegelt sich auch die Gegenwart des Landes mit all seinen Facetten. Der Platz im Herzen des West End wurde nach einer der wichtigsten Schlachten der Engländer gegen Napoleon benannt. Bei Trafalgar im südwestlichen Spanien schlug die britische Flotte die Armada aus spanischen und französischen Kriegsschiffen.

Blickfang des Platzes ist die Gedenksäule Lord Nelsons, der in besagter Schlacht sein Leben verlor. Die Bronzelöwen zu Füßen des Monuments sollen aus dem Metall der erbeuteten französischen Kanonen gegossen worden sein. Aber trotz aller Glorie, oder gerade deswegen, finden auf dem Platz auch die wichtigsten Demonstrationen und die größten Partys statt, so die Silvesterfeier, bei der die Londoner das neue Jahr begrüßen.

Die National Gallery (rechts und unten links) und die National Portrait Gallery (großes Bild) bergen zusammen eine grandiose Gemälde-sammlung. Gerne besucht werden in der Portrait Gallery die offiziellen Königsbilder, ein Who is who der britischen Monarchie. Spannend sind aber auch die Porträts von Persönlichkeiten der britischen Geschichte und Gegenwart.

# National Gallery, National Portrait Gallery

Die National Gallery am Trafalgar Square wurde anders als die meisten europäischen Galerien, die für die Öffentlichkeit konzipiert waren, erst relativ spät gegründet. Dafür ist sie aber das einzige Museum seiner Art, das nicht auf eine königliche oder fürstliche Sammlung zurückgeht. 1824 kaufte die britische Regierung 38 Gemälde aus der Sammlung des verstorbenen Bankiers John Julius Angerstein, die sie in dessen Stadthaus in der Pall Mall ausstellte. 1838 schließlich wurde der Neubau am Trafalgar Square eröffnet – als ein Ort, der allen Bevölkerungsschichten zugänglich sein sollte, keineswegs nur den privilegierten Kunstkennern. In den Hallen sind stets um die 2000 Gemälde aller europäischen Schulen und Epochen ausgestellt, darunter einige der bedeutendsten Werke von Künstlern wie Vincent van Gogh, Monet, Leonardo da Vinci, Cézanne und Tizian.

Der plätschernde Brunnen im Zentrum des kreisrunden Platzes wurde 1892 für den philanthropischen Grafen Shaftesbury errichtet, allerdings mit einer Statue obenauf, die damals einiges Naserümpfen hervorrief – sie ist nämlich nackt (unten rechts). Viktorianisch diskret wurde sie als Engel der christlichen Barmherzigkeit bezeichnet, doch die Londoner nannten sie seit jeher unverdrossen Eros. Ein Abbild der Statue schmückt die Titelzeile der Boulevardzeitung Evening Standard und wurde so zu einer wiedererkennbaren Ikone Londons.

# Piccadilly Circus

Der Piccadilly Circus, auf den fünf verkehrsreiche Straßen münden, gilt als das Entrée in die Londoner Vergnügungsviertel West End und Soho und ist seit jeher ein beliebter Touristentreff. Schön ist er eigentlich nicht und zudem stets laut und belebt. Doch sein Ruf als glitzernder Mittelpunkt touristischer Träume vom Londoner Nachtleben ist nicht unterzukriegen. Sein Name rührt wohl daher, dass hier im 17. Jahrhundert Spitzenkragen, sogenante »piccadills« verkauft wurden. Seit 1923 war der Platz an allen Ecken von riesigen Leuchtreklametafeln umgeben, die bei Nacht mit ihrem Blinken unendliche Möglichkeiten des Konsums versprachen. Heute ist nur noch eine Ecke mit riesigen Werbetafeln bestückt – die Mieten sind mittlerweile einfach zu hoch. Das einstige Varietétheater Trocadero ist heute ein riesiger Einkaufs- und Entertainmentkomplex.

Unten von links nach rechts: In dem historischen Pub Dog and Duck war seinerzeit, allerdings in einem früheren Bau, schon Mozart zu Gast. Typisch für die Multikulti-Mischung von Soho: Die engen Gassen in Chinatown, Tattoostudios, und die Sexwerbung in Londoner Telefonzellen. Rechts: Überall locken chinesische Restaurants und Imbissbuden.

## Soho

Fast von Anbeginn war Soho ein Ort für Immigranten, angefangen bei den Hugenotten, bis hin zu den Chinesen, die nach dem Zweiten Weltkrieg rund um die Gerrard Street ihr kleines Chinatown schufen. Überwiegend jedoch etablierte sich hier zunächst eine gewisse Boheme, nämlich Künstler, Schriftsteller und Musiker, die ihr Talent oft genug in den zahlreichen Spelunken und Pubs vertranken und wohl auch deswegen nie zu Ruhm gelangten. Berühmter hingegen waren die kurzzeitigen Bewohner wie Mozart, der hier als Kind während einer Europatournee lebte, und Karl Marx, der oberhalb des heutigen Restaurants Quo Vadis in der Dean Street logierte. Aber nicht nur das Geschäft mit Alkohol blühte, Soho galt lange Zeit als berüchtigtes Rotlichtviertel. Heute jedoch ist Soho mehrheitlich ein lebendiges Viertel voller Restaurants, Läden und Pubs.

Pomp, Tradition und Moderne: Das Riesenrad London Eye und der Palace of Westminster. Das House of Lords im Palace of Westminster ist weitaus prachtvoller als das Unterhaus, wie die Peers Lobby (Bildleiste rechts), durch welche die Lords das Haus betreten, oder die Royal Gallery (Mitte), durch welche die Königin zur alljährlichen Parlamentseröffnung schreitet, nachdem sie im Queen's Robing Room (links) den Staatsornat angelegt hat. In jahrhundertealter Zeremonie verliest die Monarchin dann eine Rede zur Parlamentsarbeit des folgenden Regierungsjahres (rechts).

# Westminster Palace

Die neogotische Fassade des Westminster Palace mit den charakteristischen Türmen, darunter der Uhrturm Big Ben, wirkt, als hätte sie sich schon seit dem Mittelalter in der Themse gespiegelt. Bereits seit dem 11. Jahrhundert befand sich an dieser Stelle ein Herrschaftssitz. Das heutige Gebäude, zusammen mit der Westminster Abbey ein Welterbe der UNESCO, wurde allerdings erst Mitte des 19. Jahrhunderts errichtet, nachdem der Vor-gängerbau einem Feuer zum Opfer gefallen war. Einzige erhaltene Teile aus dem Mittelalter sind der Jewel Tower, Schatzkammer Eduards III. und heute Parlamentsmuseum, und die Westminster Hall, die jedoch nur noch zu zeremoniellen Zwecken genutzt wird. Das größte Parlament der Welt mit über 1100 Räumen, 100 Treppenhäusern und Fluren von drei Kilometern Länge ist Sitz der britischen Volksvertretung mit Oberhaus und Unterhaus.

Das Kirchenschiff der Westminster Abbey mag zwar mit zehn Metern recht schmal sein, ist aber das höchste Englands und wirkt damit umso erhabener. Architektur und Ausstattung bieten noch heute einige der wunderschönsten Beispiele mittelalterlicher Baukunst. Denn dank der königlichen Verbindung und dem besonderen Status, den Heinrich VIII. der Abbey verliehen hatte, blieb sie von der Auflösung oder Zerstörung der Abteien nach seiner Ablösung von der römischen Kirche verschont. Heute ist sie mehr nationales Museum als Gotteshaus.

# Westminster Abbey

Einzigartig ist dieses Gotteshaus, das offiziell Stiftskirche St. Peter heißt, nicht nur wegen seiner großartigen Architektur, sondern vor allem wegen seiner bedeutungsvollen Symbolik. Seit Wilhelm dem Eroberer wurden in dieser Kirche bis auf wenige Ausnahmen alle Monarchen Englands gekrönt – traditionell vom Erzbischof von Canterbury – und viele fanden hier auch ihre letzte Ruhestätte. Auch die Grabmale weiterer historischer Persönlichkeiten, darunter bedeutende Schriftsteller, Künstler, Wissenschaftler und Politiker, sind hier zu finden. In der Westminster Abbey begraben zu werden war und ist bis heute die höchste Auszeichnung. Das Bauwerk selbst ist eine Mischung aus vielen Stilen, da im Lauf der Jahrhunderte etliche An- und Umbauten hinzugefügt wurden. Dennoch gilt der Bau als edelstes Beispiel der englischen Gotik – und als schönstes Bauwerk Londons.

Entspannt im Jenseits: Der Richter und Parlamentsabgeordnete Thomas Owen stützt sich auf den rechten Ellenbogen, während der Jurist Sir Thomas Hesketh den linken bevorzugt (oben, von links). Untere Bildleiste, von links: Eleonore von Kastilien, Heinrich III., Heinrich VII. mit seiner Gattin Elisabeth von York.

# GRÄBER IN DER WESTMINSTER ABBEY

Die Liste der gekrönten Häupter, Adligen, Wissenschaftler, Schriftsteller, Musiker und Künstler sowie zahlreicher weiterer Honoratioren, die in der Westminster Abbey bestattet sind, ist endlos. Manche haben Prunkgrabmäler, wie Elisabeth I. (großes Bild), andere kunstvolle Denkmäler und manche eher schlichte Gedenksteine. Der

erste König, der hier seine Grabstätte fand, war auch der Erbauer der Abtei, Eduard der Bekenner. Ab Heinrich III. (gest. 1272) bis hin zu Georg II. (gest. 1760) wurden sämtliche englische Monarchen hier bestattet. Weitere Aristokraten sowie die Mönche und andere Personen, die mit der Abtei in Verbindung standen, fanden nicht in der

Kirche selbst, sondern auf dem Kirchengrund ihre letzte Ruhestätte. Der Dichter Geoffrey Chaucer (gest. um 1400) war der erste seiner Zunft, der in der Abtei beerdigt wurde. Heute gibt es eine Poets' Corner, eine Dichterecke, in der die Größen der englischen Literatur bestattet oder wie William Shakespeare oder Charles Dickens

zumindest mit Denkmälern geehrt sind. Isaac Newtons Grabmal (linke Bildleiste oben) spielte im Mystikthriller »Das Sakrileg« eine Rolle, während das von Georg Friedrich Händel (linke Bildleiste unten) beinahe schon bescheiden wirkt. An seiner Beerdigung im Jahr 1759 nahmen allerdings über 3000 Menschen teil.

Das Gebäude der Tate Britain birgt nicht nur große Kunst, sondern wird auch selbst als Kunstwerk verfremdet (unten links). Aus kleinen Anfängen hat sich das Haus an der Millbank mit seiner attraktiven Kuppel (Bild Mitte) zu einem veritablen Museumsbau entwickelt. Im Mittelpunkt stehen neben den aktuellen Ausstellungen auch Werke des romantischen Malers William Turner (rechts). Seine Bilder waren oft voller Symbolismen, wie »War: The Exile and the Rock Limpet« von 1842, das Napoleon auf St. Helena darstellt (unten rechts).

## Tate Britain

Britische Kunst seit dem Jahr 1500 und bis zur Gegenwart ist in diesem Museum in einer einzigartigen Sammlung untergebracht. Im Neubau der Clore Galleries neben dem klassizistischen Haupteingang befindet sich der Nachlass des britischen Romantikers William Turner. Nach ihm ist auch der prestigeträchtige Turner-Preis benannt, der hier alljährlich jüngeren britischen Künstlern verliehen wird. Aufsehenerregend sind auch die Sonder-ausstellungen, die nicht nur einzelnen Künstlern gewidmet sind, sondern häufig als Studien zu diversen Themen konzipiert sind. Tate Britain entstand 1897 als National Gallery of British Art oder Tate Gallery, benannt nach dem Millionär Henry Tate, der dem Staat im 19. Jahrhundert nicht nur seine Sammlung zeitgenössischer Kunst, sondern auch einen stattlichen Betrag zum Bau eines entsprechenden Museums vermacht hatte.

Die Wachen mit ihren unbewegten Gesichtern unter hohen Bärenfellmützen am Buckingham Palace dürften wohl eines der beliebtesten Fotomotive Londons sein. Doch das größte Spektakel zeremoniellen Pomps findet im Sommer jeden Vormittag statt: das Changing of the Guards, der Wachwechsel der Palastwache, wenn die Soldaten begleitet von Musik über die Mall angeritten kommen und in alter Tradition den Wechsel vollziehen.

## Buckingham Palace

Buckingham Palace ist der offizielle Sitz der königlichen Familie, allerdings nur werktags und außerhalb der Sommerferien. Offiziell zu besichtigen ist der Palast daher nicht – außer in den Monaten August und September, wenn 19 seiner Zimmer für die Öffentlichkeit zugänglich sind. Das prachtvolle Schloss stammt im Kern aus dem Jahr 1705 und gehörte ursprünglich dem Herzog von Buckingham. 1837 beschloss Königin Victoria, dass der St. James' Palace majestätischen Ansprüchen nicht mehr genügte, und zog in den Buckingham Palace um, der in der Zwischenzeit zu einem veritablen Palast aus- und umgebaut worden war. Bis zum Beginn des 20. Jahrhunderts wurde verbessert und modernisiert. Als letzte bauliche Maßnahme wurde 1913 die Umgestaltung der Ostfassade vorgenommen, von deren Balkon die Windsors dem Volk huldvoll zuwinken.

Alle Nobelhotels in London bieten feinsten Afternoon Tea, im Thames Foyer, dem Teesalon des Savoy, sorgt sogar ein Pianist für leichte Hintergrundmusik (rechts), während im Ritz hin und wieder sogar zum Tanztee gebeten wird (ganz rechts und großes Bild rechts), was aber stets sehr britisch eine distinguierte Angelegenheit bleibt. Großes Bild: Palm Court im Ritz.

# TEA TIME IM RITZ UND SAVOY

»Tea at the Ritz« ist eine Londoner Institution, und zwar keine, wo man als müder Passant einfach hineinspazieren darf, um sich mit einem Tässchen Tee und einem Stück Kuchen zu erfrischen. Das Hotel Ritz selbst ist allein schon so vornehm, dass der Name im Englischen einen Begriff für äußerst vornehm schuf: ritzy. Und so wird von den Gästen selbstverständlich formelle Kleidung erwartet. Im Teesalon des Ritz, dem Palm Court, werden im allerfeinsten Ambiente den gediegenen Teetrinkern klassische Spezialitäten des Afternoon Tea serviert. Dazu gehört natürlich edelster Tee in silbernen Kannen, oftmals hauseigene Mischungen, Milch und Zucker, feinstes Porzellan, und in der Regel die Etagère mit traditionellen Köstlichkeiten: kleine Sandwiches, mundgerecht und krustenlos zugeschnitten, belegt mit hauchfeinen Gurkenscheiben, Ei und Kresse, Fischpaste, Lachs oder Schinken. Daneben kleine Kuchenstücke, wie Battenbergschnittchen, ein rosa und gelber Biskuitkuchen, schwerer Früchtekuchen, Zitronenkuchen und natürlich Scones mit Marmelade und »clotted cream«, eine Art geronnener Rahm. Natürlich gibt es auch je nach Teesalon Variationen, doch ohne diese Grundzutaten ist ein Afternoon Tea nicht wirklich englisch – und schon gar nicht ritzy. Viele Autoren beschrieben diesen High Tea in ihren Werken.

Dem Andenken ihres geliebten Gatten widmete Königin Victoria das Albert Memorial, ein steinernes Monument ihrer jahrzehntelangen Trauer (rechts). Der Hyde Park dagegen ist ein Freizeitparadies, wo jeder nach seinen Bedürfnissen entspannen kann, ob beim Konzert, auf einer Kutschfahrt oder bei Spaziergängen. Und wer eine Meinung hat, darf sie ebenfalls lautstark äußern, sei sie religiöser, politischer oder schlichtweg absurder oder banaler Art (linke Bildleiste unten).

# Hyde Park,
# Albert Memorial

Die Rolling Stones oder Pink Floyd, um nur einige der großen Rockbands zu nennen, selbst der legendäre Tenor Luciano Pavarotti sind im Hyde Park aufgetreten. In altmodischen britischen Krimis taucht der Park gelegentlich als Ort des Verbrechens auf. Noch früher duellierten sich dort gerne Gentlemen im Morgennebel, und Straßenräuber trieben gern ihr Unwesen. Heutzutage geht es in dem mit 142 Hektar größten innerstädtischen Park Londons in der Regel recht friedlich und beschaulich zu. Der Hyde Park ist im besten Sinne ein Volkspark, der erste königliche Park, welcher der Öffentlichkeit zugänglich gemacht wurde – und zumindest an seiner Nordostecke der einzige öffentliche Ort, an dem ohne Versammlungsgenehmigung Meinung geäußert werden darf. Die »Speaker's Corner« ist eine Institution, wo jeder sagen darf, was er will – per Gesetz seit 1872.

Farbenpracht und Fantasie: Der Notting Hill Carnival Ende August ist der Inbegriff der Lebensfreude (kleines Bild), während das Kaufhaus Harrods das Synonym für gediegenen Luxus ist. Beide sind ebenso ein Bestandteil britischer Kultur wie einst die roten Telefonzellen. Die meisten wurden durch moderne Plexiglaszellen ersetzt, nur an touristischen Fixpunkten sind sie heute noch zu finden.

# DER FEINE WESTEN

Kensington und Chelsea, aber auch das etwas weniger bürgerliche Notting Hill gehören zu den teuersten Wohngegenden Großbritanniens, begehrt bei allen, die es sich leisten können, in einem der gepflegten Häuser dort zu wohnen. Im Zentrum der Stadtregion liegen die Kensington Gardens, die vom Hyde Park nur durch den Serpentine-See getrennt sind. Gesäumt wird die Parkanlage von Botschaften, dem Kensington Palace sowie zahlreichen Museen. Die Kensington High Street gilt als eine der feinsten Einkaufsstraßen von London.

Harrods belegt einen ganzen Straßenblock und ist umgeben von feinen Läden (rechts), doch selbst die verblassen angesichts des schwelgerischen Überflusses in dem Kaufhaus. Das Angebot ist überwältigend, die Preise schwindelerregend. Ein Pfund Kaffee? Um die 16 Euro. Eine Dose Butterkekse? 30 Euro. Doch das sind, neben edelster Kosmetik oder Designermode, nur die schlichteren Sachen. Aber wer denkt schon im Lebensmittelparadies an einfache Haushaltswaren? Es gibt buchstäblich nichts, was es nicht gibt. Und das nur vom Allerbesten.

## Harrods

Harrods ist nicht einfach ein Kaufhaus, es ist ein Konsumtempel der Superlative und eine britische Institution. Auf einem Areal von etwa 1,8 Hektar und auf rund 93 000 Quadratmetern Verkaufsfläche verteilen sich insgesamt 330 Abteilungen und 28 Restaurants, in denen sich 5000 Angestellte und bis zu 300 000 Kunden täglich tummeln. Damit ist Harrods das größte Kaufhaus Europas und eines der größten der Welt. Das Motto des Kon- sumtempels lautet: Omnia Omnibus Ubique – Alles für alle und überall. Und dem wird Harrods durchaus gerecht. Gegründet wurde das Kaufhaus, das mittlerweile Teil eines Konzerns ist, 1834 von Charles Henry Harrod im East End von London als Lebensmittel- und Teehandlung, die aber 15 Jahre später ins feinere Knightsbridge in Kensington umzog. 1905 wurde nach einem Feuer das heutige Gebäude errichtet.

Nicht nur von außen ist das Museum eine wahre Augenweide (rechts), sondern auch die Innenräume sind opulent ausgestattet: In der Rotunde am Haupteingang (links unten) hängt ein moderner, neun Meter langer Kronleuchter aus mundgeblasenem Glas. Im großen Cast Court (unten rechts) versammeln sich Nachbildungen europäischer Originale, wie etwa die der Trajanssäule. Aber es gibt auch Original-Skulpturen (Bildleiste rechts), von Büsten bis zu Figurengruppen, auch Merkwürdigkeiten, wie die Plastik von Bashaw, dem Lieblingshund des Grafen Dudley.

# Victoria and Albert Museum

In dem weitläufigen Gebäude befinden sich um die 4,5 Millionen Gegenstände des Kunsthandwerks und Designs – aus Europa, Nordamerika, Asien und Nordafrika, aus frühesten Epochen vor etwa 5000 Jahren wie aus der Gegenwart. Und als wenn das noch nicht genug wäre, umfassen die Werke sämtliche Formen gestalterischen Schaffens, von Skulpturen, Gemälden, Zeichnungen und Fotos über Glas, Porzellan, Keramiken und Möbel bis hin zu Spielzeug, Kleidung und Schmuck. Es ist, kurz gesagt, die größte Sammlung ihrer Art auf der Welt. Das Museum entstand im Kern nach der Weltausstellung von 1851, von der einige Exponate für das Museum erworben wurden. Es sollte ursprünglich als Manufaktur-Museum Design-Studenten inspirieren. Die Anzahl der Ausstellungsstücke nahm rasch zu, und so wurde 1899 der Grundstein für das heutige Gebäude gelegt.

Die Architektur des Museums war mit ihrer Stahlkonstruktion innovativ zu ihrer Zeit, auch wenn Fassade und Ambiente dem viktorianischen Geschmack entsprachen (rechts und unten links). Trotz moderner Exponate gehören die klassischen Ausstellungsstücke noch immer zu den Highlights, wie das Dinosaurierskelett (Mitte). Die ausgestopften oder modellierten exotischen Tiere (Bildleiste rechts) faszinieren vor allem Kinder. Spannend für alle sind die Earth Galleries, in deren Eingangshalle ein Modell der Erdkugel die Besucher einstimmt (großes Bild rechts).

# Natural History Museum

Das Londoner Naturkundemuseum mag sich auf den ersten Blick nicht sehr von anderen dieser Art unterscheiden – außer vielleicht in seiner Größe und seiner umfassenden Sammlung. Naturkundemuseen sind in dieser Form eine Erfindung des 19. Jahrhunderts, und so ist auch dieses von der Faszination jener Zeit für ausgestopfte, eingelegte, skelettierte oder nachgebildete Tiere geprägt. Aber mit über 70 Millionen Exponaten, welche die ganze Naturhistorie der Erde umfassen, ist das Londoner Museum eine wahre Fundgrube. Das eigentliche Museum ist in zwei Hauptabschnitte aufgeteilt, die wiederum unterteilt sind: die klassische Ausstellung mit all den typischen konservierten Spezies, einschließlich dem jüngst erweiterten Darwin Centre, in dem die Evolution dargestellt wird, und die Earth Galleries mit den Exponaten zur Erdgeschichte.

Die Royal Albert Hall (Bilder rechts und unten) ist nicht nur eine beliebte Konzerthalle, in der sowohl Sinfonieorchester, als auch Rock- und Popbands auftreten, sondern zuweilen auch ein Schrein für unverhohlenen britischen Patriotismus. Die Promenadenkonzerte, schlicht Proms genannt, sind eigentlich nur eine Serie sommerlicher klassischer Konzerte. Aber der Höhepunkt ist das legendäre Abschlusskonzert, die »Last night of the Proms«, wo selbst die zurückhaltendsten Briten buchstäblich Flagge zeigen und enthusiastisch mitsingen (großes Bild rechts).

## Royal Albert Hall

Die riesige Kuppelhalle steht im Zentrum eines Areals, das oftmals als Albertopolis bezeichnet wird, benannt nach dem Prinzgemahl der Königin Victoria, die dem früh Verstorbenen hier etliche Kultureinrichtungen gewidmet hatte. Der 1871 eingeweihte Rundbau ist innen wie außen einem römischen Amphitheater nachempfunden. Blickfang am Kopfende des Auditoriums ist die größte Orgel Großbritanniens mit nahezu 10 000 Pfeifen. In der Royal Albert Hall fanden legendäre Konzerte der Klassik, der Pop- und Rockkultur statt. Hier traten 1963 die Beatles und die Rolling Stones ein einziges Mal gemeinsam auf, Pink Floyd, Jimi Hendrix oder Janis Joplin rockten auf der Bühne. Daneben dient die ehrwürdige Halle auch als Schauplatz für Tennisturniere, Benefizveranstaltungen, Opern, Musicals, Konferenzen, Preisverleihungen und klassische Konzerte.

London ist teuer, aber der Stil ist hipp! Ob bei Mary Moore (oben Mitte) oder Sera of London (oben rechts), im Stadtteil Notting Hill ist die Auswahl bunt und vielfältig. Namhafte Designer wie Vivien Westwood (großes Bild), John Galliano, dessen 1. Kollektion die Modewelt schockte, oder Alexander McQueen (Bilder rechts) setzen international Akzente.

# ERFRISCHENDE EXZENTRIK: DIE MODESTADT LONDON

Mitten im Theaterdistrikt Londons befindet sich die Wiege dessen, was London zur Modestadt macht: Das Central Saint Martins College, eine der berühmtesten Modeschulen der Welt. In den Gängen hängen Fotografien derer, die es geschafft haben: John Galliano, Alexander McQueen, Stella McCartney, Paul Smith. Exzentrisches findet man hier erfrischend und so verwundert es nicht, dass Londoner Modedesigner oft durch ihre experimentellen oder schockierenden Ideen Furore machen, vor allem die junge Generation. Einen Aufschrei in der Modewelt verursachte London das erste Mal 1962, als Mary Quant den Minirock in der Vogue vorstellte, was folgte waren Designer wie Ossi Clark und Zandra Rhodes. Später kam Vivien Westwood mit Punkstil und Piratenlook – bis heute wird sie oft kopiert. Im Jahr 2004 gab es sogar eine Retrospektive ihres Werkes im Victoria and Albert Museum (großes Bild). Die jungen Wilden sind bei den großen Modehäusern sehr gefragt, wie etwa Stella McCartney bei Gucci oder Galliano, der als Chefdesigner für Dior kreiert. Der Senkrechtstarter Alexander McQueen schaffte den Weg vom College in die Haute Couture bei Gucci in nicht einmal fünf Jahren. Dabei bleibt er seinem Prinzip treu: Schockieren um jeden Preis, auch wenn dafür beinamputierte Models über den Laufsteg humpeln.

Als sich 1997 die Nachricht vom Tod der Prinzessin Diana verbreitete, waren die Tore des Kensington Palace bald mit Blumen bedeckt – schätzungsweise mehr als eine Million Sträuße ergossen sich bis weit in den Kensington Garden. Auch heute noch ist der Palast ein Wallfahrtsort für Diana-Fans. Man kann einige Räume sogar für private Veranstaltungen mieten, wie für Firmenfeste oder Hochzeiten. Rechts der schöne Senkgarten des Palastes.

## Kensington Palace, Kensington Gardens

Der 111 Hektar große Park, einst königlicher Schlossgarten, ist weitaus formeller gestaltet als der benachbarte Hyde Park. Er ist vor allem bei Kindern beliebt, die in der gepflegten Anlage etliche Attraktionen finden. Am Ostrand nahe dem Serpentine-See bezaubert die Peter-Pan-Statue, errichtet zum Gedenken an den berühmten Romanhelden. Am Westrand lockt der Diana Memorial Playground, ein Abenteuerspielplatz mit Piratenschiff, Indianerzelten und reichlich Platz zum Toben. Erwachsene schätzen neben dem Park selbst die Serpentine Gallery als beliebteste Attraktion. Der Teepavillon aus den 1930er Jahren zeigt Wechselausstellungen zeitgenössischer Kunst. Kunstwerke sind die temporären Sommerpavillons, die von berühmten Architekten entworfen werden. An Prinzessin Dianas enge Beziehung zu Kensington erinnert auch ein Gedenkbrunnen.

Mohamed Al-Fayed, der ehemalige Besitzer von Harrods und Vater des mit Diana verstorbenen Dodi ließ nach deren Tod in seinem Kaufhaus einen Schrein für die beiden errichten (rechtes Bild). Außer den Fotos steht dort auch ein Weinglas, aus dem Diana während ihrer letzten Mahlzeit getrunken hat, und ein angeblicher Verlobungsring von Dodi für Diana. Große Bilder: Gedenkstätte im Kensington Palace.

# DIANA MEMORIAL

Schön, elegant, tragisch und glamourös – Diana, Prinzessin von Wales, war und ist noch immer eine Ikone der Medien, die zu ihrer Zeit meistfotografierte Frau der Welt, deren Fotos über zehn Jahre nach ihrem Tod noch immer in den bunten Illustrierten auftauchen. Als die geschiedene Frau des britischen Thronfolgers Charles und Mutter des nächsten in der Thronfolge, William, 1997 durch einem Autounfall in Paris ums Leben kam, brach in Großbritannien – und in der ganzen Welt – eine Massentrauer aus. Der damalige Premierminister Tony Blair schuf geistesgegenwärtig den Titel »people's princess«, die Prinzessin des Volkes, oder auch Prinzessin der Herzen.

Sie starb jung und wurde somit zur Legende. Ihrer Person wurden gleich mehrere Gedenkstätten gewidmet, neben ihrem zum Schrein ausgebauten Grab im Familiensitz Althorp auch ein Brunnen im Hyde Park und der Diana Memorial Playground, ein Spielplatz in den Kensington Gardens. Im Kensington Palace, wo sie bis zu ihrem Tod lebte, befindet sich die mit Abstand interessanteste Gedenkstätte. Dort werden neben einer umfänglichen audivisuellen Foto- und Memorabilienausstellung auch einige ihrer sehr eleganten Roben ausgestellt, die von britischen Designern größtenteils speziell für die modebewusste Prinzessin angefertigt wurden.

Das Herz von Notting Hill ist die Portobello Road, die mit ihrer charmanten Mischung aus gepflegten Häuschen, zahllosen Läden, die von Trödel bis zu Kleidung nahezu alles verkaufen, auch außerhalb des berühmten samstäglichen Marktes Besucher anlockt. Etwas feiner, wenn auch ebenso bohème-haft ist die Querstraße Westbourne Grove mit ihren behaglichen Pubs.

## Notting Hill

Vor etwa 40 Jahren, galt Notting Hill als dreckiger Slum im feinen Kensington, als sozialer Brennpunkt mit den ersten Rassenunruhen Großbritanniens 1958. Dort lebten damals überwiegend afro-karibische Einwanderer, die in den Jahren nach den Auseinandersetzungen ihren Karneval zu feiern begannen, heute als Notting Hill Carnival eine der farbenprächtigsten und berühmtesten Festivitäten Londons. Schön ist Notting Hill noch immer nicht – aber spannend. Die »Gentrifizierung«, womit nicht nur die Renovierung und Verschönerung eines Viertels umschrieben wird, sondern vor allem der Zuzug überwiegend junger und wohlhabender Menschen, hat das Gesicht des Viertels drastisch verändert – und das Leben dort verteuert. Zentrum ist die Portobello Road, deren Markt zu den schönsten in London zählt, aber heute ebenfalls kaum noch Schnäppchen bietet.

Soca- und Calypsomusik, Reggae, Steelbands und die neueste Popmusik dröhnen von den Wagen, Menschen tanzen, sofern sie noch Platz finden. Die Straßen sind gesäumt mit Imbissbuden, die traditionelle karibische Küche anbieten. Aber im Mittelpunkt stehen die aufregenden Kostüme, an denen die einzelnen Gruppen schon Monate zuvor gearbeitet haben. Je ausgefallener und farbenprächtger desto besser, heißt das Motto.

# NOTTING HILL CARNIVAL

Der Karneval von Rio mag die Schlagzeilen beherrschen und Fernweh erzeugen, aber der Notting Hill Carnival steht ihm in nichts nach – nun ja, das englische Wetter mag nicht gerade konkurrenzfähig sein, obwohl das Fest im August stattfindet, aber dafür geht es im Londoner afro-karibischen Karneval ebenso farbenprächtig und lebensfroh zu. Die ganze Veranstaltung dauert drei Tage, wobei der Hauptzug am Montag über eine fünf Kilometer lange Strecke stattfindet. Beginn des Karnevals ist der Samstag Abend mit einem Wettbewerb von Steelbands, der seit 2007 nunmehr im Hyde Park stattfindet. Der Sonntag ist den Kindern gewidmet, die mit ihrer kleinen Parade ebenso viel Spaß haben wie die Erwachsenen. Das Fest zieht mittlerweile bis zu zwei Millionen Menschen an und ist Schaustück des multikulturellen London. Das war nicht immer so. Zunächst war es nur ein Stadtteilfest, nachdem es 1958 zu den berüchtigten Rassenunruhen in Notting Hill kam. Paraden gab es jedoch erst ab 1965, die über Jahre nicht gerade friedlich verliefen. Immer wieder kam es zu Auseinandersetzungen zwischen überwiegend karibischen Jugendlichen und der Polizei. Mittlerweile ist der Karneval nicht nur weitaus friedlicher, sondern auch eine der größten Touristenattraktionen Londons – wer braucht da schon Rio?

Kunst und Kultur werden am Südufer der Themse groß geschrieben. Bereits zum Festival of Britain von 1951 wurde dort die Royal Festival Hall errichtet (kleines Bild), die sich als ein solcher Erfolg heraus-

stellte, dass sie weitere Kultureinrichtungen nach sich zog. Großes Bild: Die Tate Modern stammt aus jüngerer Zeit, ebenso wie die Millennium Bridge und auch das Globe Theatre.

# SÜDUFER DER THEMSE

Das Südufer der Themse ist zwar nur einen Katzensprung von der City und den attraktiven Vierteln Londons entfernt, wurde aber stets mit einem Naserümpfen betrachtet. Traditionell war hier nämlich ein Amüsier- und Rotlichtviertel; später baute man Gefängnisse und siedelte Industriebetriebe an, die im 20. Jahrhundert in eine Krise gerieten. In den letzten Jahren hat das Viertel eine Rundumerneuerung erfahren, die zwar an die Tradition der Unterhaltung anknüpft, aber statt zwielichtiger Etablissements nun Kunst bietet.

Multifunktionale Gebäude wie die Hayward Gallery, die Queen Elizabeth Hall und das National Theatre (obere Bildleiste) sowie die Royal Festival Hall (rechte Bildleiste oben) sind ein Kennzeichen der Kultur am Südufer. Zeitgenössische Kunst (großes Bild und Bilder rechts unten: in der Saatchi Gallery), Ballett, Theater, Konzerte, finden in fast allen Einrichtungen im und um das Southbank Centre statt.

## Southbank Centre

Das erste Gebäude des Bauensembles, heute das größte Kulturzentrum Europas, war die Royal Festival Hall mit 2900 Plätzen; sie entstand zunächst für das Festival of Britain von 1951. Später kamen die Queen Elizabeth Hall und die Hayward Art Gallery mit ihren vielbeachteten zeitgenössischen Ausstellungen hinzu; gemeinsam bildeten sie das Southbank Centre. Nebenan wurde das National Film Theatre, der Schauplatz des Londoner Filmfestivals, in das Kulturensemble mit eingebunden, außerdem das National Theatre, das eigentlich aus drei Theatern besteht. Weiter südlich schließt sich die County Hall an, in der eine ständige Dalì-Ausstellung und das London Aquarium die Besucher anlocken. Verbunden sind die Gebäude durch den Queen's Walk zwischen Lambeth Bridge und Tower Bridge, der einen Blick auf die Themse und das gegenüberliegende Ufer bietet.

Schwindelerregend ist die Aussicht nicht nur wegen der Höhe, sondern auch wegen des Eindrucks, den man von der Größe der Stadt erhält. Über 50 der wichtigsten Sehenswürdigkeiten der britischen Kapitale sind vom London Eye meist deutlich zu erkennen, darunter auch der Westminster Palace (rechts), St. Paul's Cathedral, Canary Wharf und an klaren Tagen sogar Windsor Castle. Das London Eye wird gerne mit dem Eiffelturm in Paris oder dem Empire State Building in New York verglichen, nämlich als gleichwertiges Wahrzeichen der Weltstadt London.

## London Eye

Das London Eye, ein Riesenrad zwischen County Hall und Southbank Centre, wurde am Silvesterabend 1999 vom damaligen Premier Tony Blair feierlich eröffnet und hat sich seither tatsächlich zu einem Highlight der Metropole entwickelt. Mit 135 Metern war es anfangs das größte Riesenrad der Welt. Während der Betriebszeiten dreht es sich ununterbrochen, aber langsam – etwa 30 Minuten dauert eine komplette Umdrehung. Passa- giere können die Kabinen betreten oder verlassen, ohne dass das Rad anhalten muss. Die 32 Kabinen sind voll verglast und am Außenring des Rads aufgehängt, so dass die Fahrgäste einen 360-Grad-Blick über London haben. Rund 40 Kilometer weit reicht die Sicht, die ganze Stadt liegt einem zu Füßen. Ursprünglich war das London Eye nur für fünf Jahre konzipiert. Doch der Erfolg war so groß, dass es sich noch 20 Jahre drehen soll.

Das Tate Modern ändert seine Aus-
stellungsobjekte zwar ständig, aber
die Aus- und Ansicht des eher fins-
teren Gebäudes bleibt sich gleich.
Von innen nach außen präsentiert
sich die klassische Skyline des
nördlichen Themseufers (rechts),
während von dort der Blick die

Millennium Bridge und die Galerie
erfasst (großes Bild). Eine der
Hauptattraktionen ist die riesige
Turbinenhalle (Bildleiste unten
rechts), für die jedes Jahr ein Kunstwerk in Auftrag gegeben wird. 2006
war es eine Plexiglasrutsche, die
Kinder unbekümmert nutzten.

# Tate Modern

Allein schon das Gebäude der Kunstgalerie am Ufer der Themse ist eine Sehenswürdigkeit für sich: Es ist ein backsteinverkleidetes Stahlgebilde mit einem schlanken 99 Meter hohen Turm. Nach dem Zweiten Weltkrieg wurde es als Kraftwerk erbaut, das 1981 den Betrieb einstellte. Ab 1995 schließlich wurde das Bauwerk für eine dreistellige Millionsumme spektakulär zum Museum für moderne und zeitgenössische Kunst umgebaut und im Jahr 2000 eröffnet. Die Turbinenhalle, die über fünf Stockwerke in die Höhe reicht, bildet das imposante Entree, wird aber auch für außerordentliche Auftragskunstwerke genutzt. Die Kunstwerke sind auf verschiedenen Ebenen thematisch statt chronologisch zusammengefasst. Den schönsten Blick bietet jedoch das Restaurant auf Ebene 7 – über die Themse hinweg auf die City gegenüber und die St. Paul's Cathedral.

Zu Shakespeares Zeiten war Theater noch ein derbes Volksspektakel und keine hohe bildungsbürgerliche Weihe. So werden auch im modernen Globe Theatre Shakespeares Stücke authentisch und lustvoll aufgeführt. Eines der beliebtesten Stücke ist der Mittsommernachtstraum (rechts oben), zu dessen Uraufführung Königin Elisabeth I. anwesend gewesen sein soll. Der Klassiker Romeo und Julia (rechts unten) gehört ebenfalls zum Repertoire. Shakespeare wurde häufig verfilmt (rechts Mitte), hier in einer Fernsehserie von 1977 über den Meister selbst.

# SHAKESPEARE'S GLOBE THEATRE

Der amerikanische Schauspieler und Regisseur Sam Wanamaker, der seit den 1960er-Jahren regelmäßig in England in Shakespeare-Dramen auftrat oder sie inszenierte, regte in den 1970er-Jahren den Bau eines neuen Globe Theatres in London an, nachdem er feststellen musste, dass am Ort des originalen Globe Theatres nichts mehr an den großen Bühnenautor erinnerte. Erst 1997, vier Jahre nach dem Tod Wanamakers, wurde das neue Globe nur 200 Meter vom ursprünglichen Standort eröffnet – und verblüfft bestaunen Besucher nun die weitgehend originalgetreue Architektur und Inszenierungen, die fern von bildungsbürgerlicher Bedeutungsschwere sind. Das neue Theater wurde nach elisabethanischen Plänen so errichtet, wie das ursprüngliche Haus vermutlich ausgesehen hat. Der mehreckige Rundbau mit offenem Dach im inneren Rund ist als erstes und einziges Londoner Haus seit dem Großen Brand von 1666 am Rand mit Stroh gedeckt. Innerhalb des Kreises befindet sich eine kleine überdachte Bühne mit Balkon, während sich rundum über drei Stockwerke Galerien entlangziehen. Das »Fußvolk« steht im offenen Rund, allerdings wird bei schlechtem Wetter die Vorstellung in das angeschlossene Inigo Jones Theatre verlegt, das einem jakobinischen Theater nachempfunden ist.

Majestätisch erhebt sich der Turm der Southwark Cathedral – das älteste gotische Bauwerk der Stadt – über der modernen London Bridge (rechts). Das Kirchenschiff fasziniert mit seiner Weite und Höhe, die den Blick zum imposanten frühgotischen Kreuzrippengewölbe (unten rechts) zieht. St. Georg, der Schutzpatron Englands, im Kampf mit dem Drachen, sowie zahlreiche kunstvoll gestalteten Grabmale und Denkmäler erinnern an die glanzvolle Frühzeit der Kathedrale (Bildleiste links von oben).

# Southwark Cathedral

Southwark Cathedral, nahe der London Bridge gelegen ist in Teilen der Bausubstanz einer der ältesten Kirchenbauten Londons. Chor und Chorumgang sowie die unteren Geschosse des Turms stammen aus dem frühen 12. Jahrhundert. Dem Chor kam in der ehemaligen Klosterkirche große Bedeutung zu, er entstand in den 1270er-Jahren, der Hochaltar wurde im 15. Jahrhundert geschaffen. Zahlreiche Grabmale erinnern noch an die frühe Zeit der Kirche, die erst 1905 zur anglikanischen Kathedrale der Diözese Southwark erhoben wurde. Der Dichter John Gower (14. Jh.) ist hier ebenso begraben wie Shakepeares Bruder Edmund. Für den Dichter selbst wurde 1912 im südlichen Seitenschiff ein Denkmal errichtet. Unweit der Kirche lockt der Borough Market in Hallen aus der Mitte des 19. Jahrhunderts; den Markt selbst gibt es schon etwa so lange wie die Kirche.

Camden Town ist ein lebhaftes Multikulti- und Szeneviertel mit einem in ganz London berühmten Markt am Camden Lock und einer handbetriebenen Schleuse am Regent's Canal, auf dem man sich bei einer Kanalfahrt vom Gedränge auf den Märkten erholen kann. Ein Schatzhaus der Nation ist das British Museum in Bloonmsbury, über dessen Innenhof sich eine gläserne Kuppel spannt (kleines Bild).

# NÖRDLICH DER CITY

Das Gebiet nördlich der City ist so vielfältig wie kaum ein anderer Innenstadtbezirk. Bloomsbury, einer der grünsten innerstädtischen Wohngebiete, und teils auch der Süden von Regent's Park sind das akademische Zentrum Londons mit zahlreichen Hochschulen sowie dem weltberühmten British Museum. Im preiswerteren Camden Town hat sich so auch die eher studentische Szene mit zahlreichen Alternativeinrichtungen niedergelassen. Der Regent's Park wiederum ist von den edelsten »Reihenhäusern« Englands gesäumt.

Der große Innenhof (unten links) ist der größte überdachte öffentliche Platz Europas. In seiner Mitte befindet sich der alte Lesesaal des Museums (oben rechts), in dem Karl Marx einst »Das Kapital« schrieb. Berühmt ist das Museum auch für seine Sammlung ägyptischer Mumien. Zu den kostbarsten Exponaten zählen die »Elgin Marbles«, die von der Akropolis in Athen stammen und zum Skulpturenschmuck des Parthenontempels gehörten (Bildleiste rechts).

## British Museum

Sir Hans Sloane, ein Arzt schottisch-irischer Abstammung, war seit seiner Jugend ein leidenschaftlicher Sammler naturwissenschaftlicher Objekte. Bei seinem Tod überließ er sein »Kuriositätenkabinett« aus über 70 000 Teilen König Georg II. als nationales Eigentum. 1753 entstand daraus mit weiteren Sammlungen das weltweit erste Museum dieser Art mit Objekten aus allen Bereichen und Ländern. Heute birgt das Museum Millio-

nen von Artefakten, darunter einige der berühmtesten der Welt wie die »Elgin Marbles« der Akropolis oder der »Stein von Rosetta«. Bereits im 19. Jahrhundert sprengte die Sammlung das Fassungsvermögen des ursprünglichen Hauses. 1825 entstand das heutige Bauwerk, ein imposantes Gebäude mit klassizistischer Fassade, dessen jüngste architektonische Errungenschaft Sir Norman Fosters gläserne Kuppel über dem Innenhof ist.

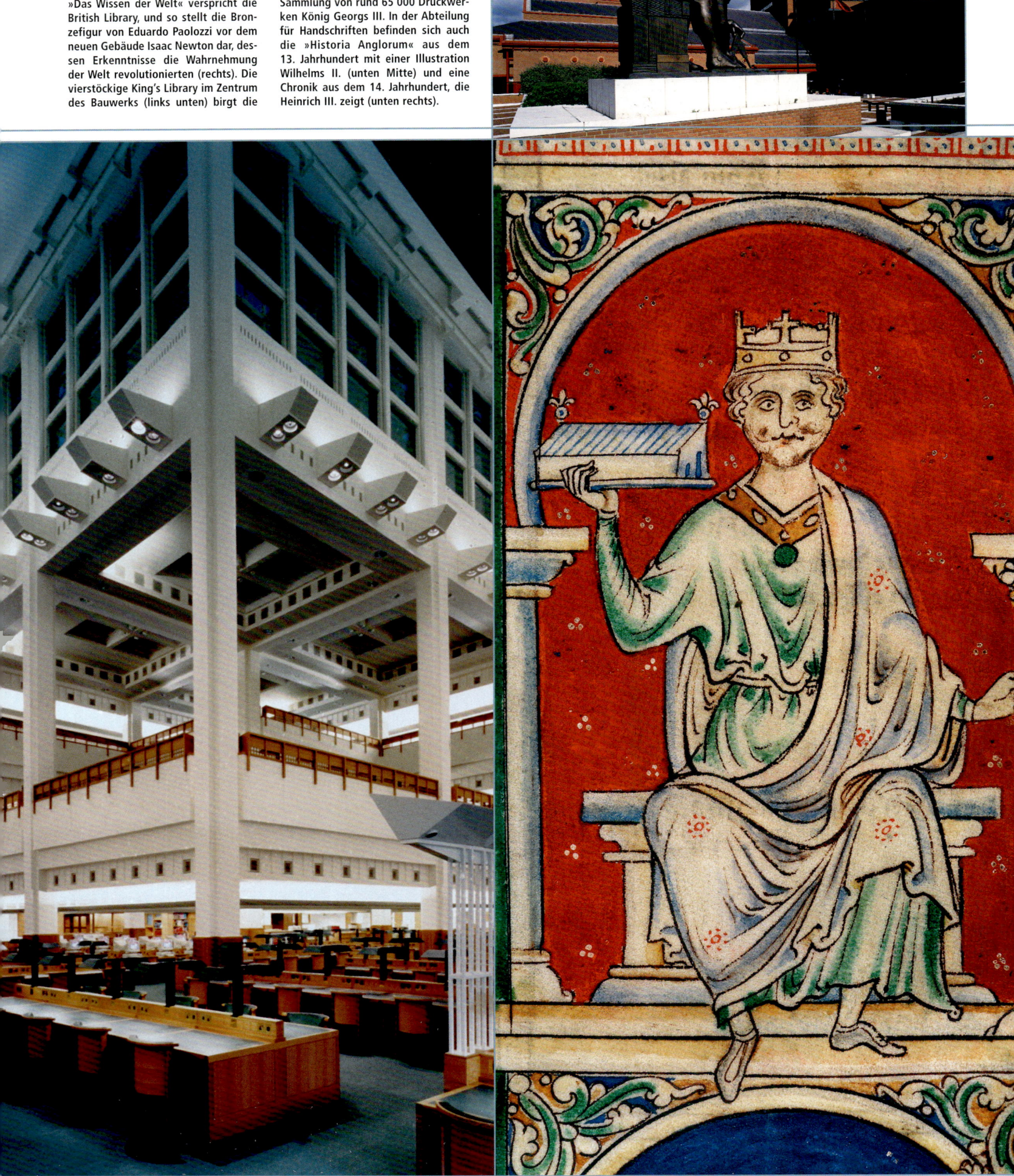

»Das Wissen der Welt« verspricht die British Library, und so stellt die Bronzefigur von Eduardo Paolozzi vor dem neuen Gebäude Isaac Newton dar, dessen Erkenntnisse die Wahrnehmung der Welt revolutionierten (rechts). Die vierstöckige King's Library im Zentrum des Bauwerks (links unten) birgt die Sammlung von rund 65 000 Druckwerken König Georgs III. In der Abteilung für Handschriften befinden sich auch die »Historia Anglorum« aus dem 13. Jahrhundert mit einer Illustration Wilhelms II. (unten Mitte) und eine Chronik aus dem 14. Jahrhundert, die Heinrich III. zeigt (unten rechts).

## The British Library

625 Kilometer Regalfläche mit jährlich zwölf Kilometern Zuwachs, Druck- und Schriftwerke aus allen Epochen, darunter zwei Originalexemplare der Magna Charta und zwei Gutenberg-Bibeln, sowie ein umfangreiches Tonarchiv mit drei Millionen Aufzeichnungen machen die britische Staatsbibliothek zu einer der größten und bedeutendsten Bibliotheken der Welt. Seit 1998 ist sie im jetzigen funktionalen Neubau zwischen King's Cross und Euston Station untergebracht. Die Bibliothek als solche ist nur mit Leserausweis zugänglich. Einige ihrer wertvollen Schätze werden jedoch in einer Galerie der Öffentlichkeit präsentiert, darunter Händels Entwurf des »Messias«, der Originaltext des Beatles-Songs »Yesterday«, die berühmte erste Gesamtausgabe Shakespeares, Lenins Antrag auf einen Leserausweis und andere einzigartige historische Schriftstücke.

Historische Köpfe benötigen weniger Aufwand, weshalb Madame Tussaud (links unten) auch nicht immer aktualisieren musste. Heute gibt es im Wachsfigurenkabinett die unterschiedlichsten Vorgaben, wie Hände und Köpfe je nach Alter noch lebender Zeitgenossen verändert werden.

Bildleiste von oben: Heinrich VIII. und seine Frauen sind Evergreens, die derzeitige Königin und ihre Familie müssen jedoch von Zeit zu Zeit mit neuen Köpfen und auch Figuren versorgt werden. Die Beatles sind für immer jung, wie auch die erste Elisabeth und Pablo Picasso.

# MADAME TUSSAUDS

Normalsterbliche werden selten den Berühmten dieser Welt von Angesicht zu Angesicht gegenüberzustehen. In dem legendären Wachsfigurenkabinett jedoch lächeln diese sonst so unnahbaren Gestalten ihr Gegenüber sogar freundlich an – wenn auch mit etwas starrem Ausdruck. Es gibt wohl kaum eine Person der Zeitgeschichte, ob aus Popkultur, Sport oder Politik, die nicht in Madame Tussauds Museum lebensecht nachgebildet wurde – oft sogar in einem stilgerechten Ambiente und von Zeit zu Zeit entsprechend dem fortschreitenden Alter auf den aktuellen Stand gebracht. Aber nicht nur solche eher freundlichen Gestalten warten auf den Besucher, sondern auch Serienmörder, Tyrannen und Gangster – und themenorientierte Installationen. Die Sammlung begann zunächst unter eher gruseligen Umständen: Marie Grosholz aus Straßburg, verheiratete Tussaud, formte im Paris des 18. Jahrhunderts kurz nach der Französischen Revolution die Totenmasken jener, die unter der Guillotine ihr Leben gelassen hatten. Jahre später ließ sie sich in der Londoner Baker Street nieder, wo sie ihre Wachsköpfe der Öffentlichkeit präsentierte. Ihr Enkel zog Ende des 19. Jahrhunderts mit der erweiterten Sammlung zum heutigen Standort, der mittlerweile zu einer der größten Touristenattraktionen Londons geworden ist.

Mitten in London, im gepflegten Regent's Park, haben Grau-
reiher (unten rechts) und andere Wasservögel eine Heimat
gefunden. Die gesamte Anlage mit den Blumenbeeten, Rasen,
Wasserflächen und Brunnen bietet zu jeder Jahreszeit Ruhe
für gestresste Großstädter. Verliebte und Familien genießen
romantische Stunden im Ruderboot. Privilegiert sind die
Bewohner von Primrose Hill, die am Rand des Parks einen
umwerfenden Blick auf die Stadt haben (rechts).

# Regent's Park

1818 wäre der Park beinahe zu Bauland geworden: Der Prinzregent und spätere König Georg IV. beauftragte den Architekten John Nash mit einem Konzept für diesen königlichen Park. Nash entwarf einen Palast für den Prinzregenten und Herrenhäuser für dessen Freunde, umgeben von herrschaftlichen Häuserreihen, die den Villen einen adäquaten Rahmen verpassen sollten. Der Plan wurde nur teilweise realisiert, lediglich acht der ge- planten 56 Villen wurden gebaut, geblieben ist aber ein eleganter, zwei Quadratkilometer großer Park, der reich- lich Freizeitvergnügungen und einige bemerkenswerte Sehenswürdigkeiten zu bieten hat. Die nördliche Ecke des Parks ist vom ältesten wissenschaftlichen Zoo der Welt belegt. Eingerahmt wird der Park im Norden von einem Kanal und an den übrigen Seiten von den noblen »Reihenhäusern«, die John Nash einst entworfen hatte.

Cumberland Terrace (rechts) ist eines der berühmtesten Werke von John Nash. Dort stehen einige der teuersten Wohnhäuser Großbritanniens. Chester Terrace (links) besteht aus 42 Häusern, die heute unter Denkmalschutz stehen. Die Church of All Souls am Nordende der Regent's Street wurde von Nash entworfen. Dort wurde ihm auch ein Denkmal gesetzt (Bild Mitte).

JOHN NASH
1752 — 1835
ARCHITECT

# JOHN NASH – ARCHITEKT UND STADTPLANER

Der Erfolg für den Architekten John Nash (1752–1835) kam spät, aber gewaltig, und vor allem prägend für das elegante London. Er lernte zwar als junger Mann das Handwerk der Architektur, war aber nicht besonders erfolgreich, vielleicht auch nicht ehrgeizig genug. Schließlich verfügte er über genug Privatvermögen, dass er sich nicht anstrengen musste. Das änderte sich durch zwei Umstände: Er verlor sein Vermögen, und er erregte mit kleineren Werken die Aufmerksamkeit des Prinzregenten, des späteren Georg IV. Daraus entstand ein ehrgeiziges Projekt. Ganze Stadtteile sollten neu gestaltet werden, je pompöser desto besser, auch sollten die königlichen Paläste auf den neuesten Stand gebracht werden – eine Modeerscheinung jener Zeit, die architektonisch wunderbar klassizistische, aber in London in der Gesamtheit unbezahlbare Anlagen und Bauten nur auf dem Reißbrett hinterließ. Dank königlicher Protektion folgten zahlreiche Aufträge für Um- und Neubauten in ganz England, so auch für den Royal Pavilion in Brighton. Nash konnte nicht alle seine Pläne vollenden, oder vielmehr ging seinem König das Geld aus, nachdem dieser auf den Thron kam. Sein architektonisches Vermächtnis umfasst aber bis heute die feinsten und nach wie vor teuersten Bauten Londons, die in ihrer Eleganz zeitlos sind.

Camden Lock, die von Hand betriebene Schleuse am Kanal, zieht zahlreiche Schaulustige an (rechts). In den Straßen von Camden Town gibt es an fast jeder Ecke einen Pub (ganz rechts), neben so berühmten Veranstaltungsorten wie dem Electric Ballroom, in dem schon die Red Hot Chili Peppers oder Paul McCartney aufgetreten sind. Hauptanziehungspunkt sind jedoch die Märkte.

## Camden Lock

Punks, Hippies, Gruftis oder alle, die das Absonderliche, Alternative und Exotische suchen, finden in Camden Town ihr Paradies. Der kleine Stadtteil am Regent's Canal, einst Wohnort irischer Einwanderer und bis jüngst Zentrum des Britpop, hat sich zu einem Szeneviertel entwickelt, das heute mit seinen Märkten und Musikclubs eine Attraktion für sich ist. Zu kaufen gibt es dort neben reichlich Touristenkitsch alternative Mode, Unikate, Kunsthandwerk, Trödel und allerlei Merkwürdiges oder Alltägliches. Angefangen hatte es 1974 mit ein paar Ständen für Kunsthandwerk am Kanal. Heute drängen sich die Marktstände vom Camden Lock über die Haupt- bis in die Seitenstraßen, samt zahlreichen Restaurants und Imbissständen mit ethnischer Küche. So beliebt sind die Märkte, dass am Wochenende der Ein- und Ausgang zum Bahnhof der Underground reguliert werden muss.

Das, was heute Docklands genannt wird, war einstmals die größte Hafenanlage der Welt. Nach jahrzehntelangem Verfall wurde das Gebiet mit dem Prestigeprojekt Canary Wharf (großes Bild) bebaut, das heute die Skyline beherrscht. An die große Vergangenheit der Seemacht England erinnert das Royal Naval College in Greenwich (kleines Bild), heute u. a. Sitz der Greenwich Foundation.

# DER OSTEN

Das East End, die Stadtteile östlich der City am Nordufer der Themse, gehört traditionell zu den ärmsten Vierteln Londons, dicht bebaut und stets überwiegend von Immigranten bewohnt. Die erbärmlichen Lebensumstände im East End prägten den Begriff »Slum«. In jüngerer Zeit wurden ganze Viertel »cool«, als junge Mitglieder der oberen Mittelschicht dem Stadtteil einen völlig neuen Charakter gaben. Die Isle of Dogs wurde mit den Neubauten des Canary Wharf zum zweiten Finanzzentrum Londons.

Orient im East End: In der Brick Lane herrscht buntes und exotisches Treiben, von Kunst und Graffiti über Straßenmusik bis zu den malerischen Märkten und farbenfrohen Geschäften. Doch das Zusammenleben von Ost und West ist nicht immer so friedlich wie es auf den ersten Blick erscheinen mag. Die kulturellen Gegensätze führen mitunter zu Spannungen, zumindest aber zur misstrauischen Distanz.

## Brick Lane

Fast die Hälfte der Bewohner weiter Teile des East End sind Immigranten aus ehemaligen britischen Kolonien wie Indien, Pakistan oder Bangladesch – Menschen, die nicht gerade mit Reichtümern eintrafen und sich in den billigsten Unterkünften einquartierten. Das verleiht einigen Vierteln einen exotischen Charakter. Die Gegend um die Brick Lane wird wegen des großen bengalischen Bevölkerungsanteils auch Banglatown genannt. Heute ist die gesamte Straße ein einziges »Curry-Paradies«. Balti-Häuser, Tandoori- und Curry-Restaurants reihen sich aneinander, unterbrochen von Sari-Geschäften, asiatischen Lebensmittelläden und Import-Export-Läden. Der sonntägliche Brick Lane Market ist ein Tummelplatz für alle, die das Ausgefallene lieben, und wer nach unabhängiger junger Designermode sucht, wird ebenfalls in der Straße der Immigranten fündig.

Die drei höchsten Wolkenkratzer Großbritanniens, der One Canada Square mit 235 Metern, der HSBC Tower und das Citigroup Centre mit jeweils 199 Metern Höhe bilden das Herzstück von Canary Wharf (großes Bild). Die Architektur gehört zum modernsten in London, wie der Underground-Bahnhof (oben rechts), der wie der Eingang in ein Raumschiff wirkt. Die Bauarbeiten sind jedoch noch lange nicht abgeschlossen. Bis zum Jahr 2010 sind weitere Hochhäuser geplant oder bereits im Bau, welche die bestehenden Büroflächen nochmals verdoppeln sollen.

## Canary Wharf

Knapp 200 Jahre lang war die Isle of Dogs, jener Sporn in einer Biegung der Themse, die rührigste Hafenanlage Londons gewesen. Auch hier hatten Bomben im Zweiten Weltkrieg die traditionsreichen Anlagen zunächst zerstört. Doch erst der Niedergang der internationalen Werftindustrie versetzte ihnen den endgültigen Todesstoß. Ende des 20. Jahrhunderts nahm in der Finanzmetropole der Bedarf an Büroflächen, die modernen An- sprüchen genügten, rasant zu. Im Jahr 1988 begann deshalb allen Widerständen zum Trotz der Ausbau des Canary Wharf auf dem heruntergekommenen Werftgelände. Heute ist das postmoderne Bauensemble, in dem neben Banken auch konservative Medien eine neues Zuhause fanden, nicht nur ein Zeichen der wiedererstandenen kommerziellen Weltmacht, sondern auch ein Wegweiser Londons in die Zukunft.

Vom Greenwich Park reicht der Blick über das Queen's House aus dem 17. Jahrhundert bis hinüber zum Canary Wharf (kleines Bild oben). Das Royal Greenwich Observatory (links), durch das der Nullmeridian verläuft (Mitte), ist heute Teil des Maritime Museum. Eines der Kenn- zeichen ist die 24-Stunden-Uhr und die Zeitkugel auf dem Dach des Oktagons, mit der einst die exakte Zeit gemessen wurde. Die histori- schen Räume im Old Royal Naval College (rechts) stehen Besuchern offen, auch finden dort regelmäßig kulturelle Veranstaltungen statt.

## Greenwich

Greenwich ist in erster Linie als Standort des Nullmeridians bekannt, der durch den Mittelpunkt des Royal Greenwich Observatory verläuft. Dieser Längengrad ist seit dem 1. Januar 1885 der international anerkannte Bezugspunkt für die Zeitmessung. Vom Greenwich-Meridian erfolgt auch die Berechnung der Längengrade in östliche und westliche Richtung. Doch Greenwich ist auch ein zauberhaftes Städtchen im Südosten Londons, das wegen seiner außerordentlichen historischen Bauwerke zum Welterbe ernannt wurde. Bereits im 17. Jahrhundert wählte die damalige Oberschicht Greenwich als eine Art Sommerfrische, nachdem Sir Christopher Wren das prächtige Old Royal Naval College gebaut hatte. Im Lauf der Jahrhunderte entstanden Schlösser, Villen und feine Stadthäuser, die dem Ort noch heute das Flair lässiger Eleganz verleihen.

Wie eine gestrandete Qualle liegt der Millennium Dome am Ufer der Greenwich-Halbinsel, allerdings mit einem recht bunten Innenleben. Das Gebilde ist ideal als Konzerthalle. Hier treten die Größen des Popgeschäfts auf, auch wenn manche ihre Fans nur noch aus nostalgischen Gründen anlocken können. Die Spice Girls immerhin schafften es auf ihrer letzten Tour 2007 über 17 Abende, die Halle voll zu bekommen. Groß und prächtig sind auch die Sonderausstellungen, wie 2008 jene zu Tutanchamun, und natürlich die Sportveranstaltungen.

## Millennium Dome

Das riesige zeltartige Gebilde, zumindest aus der Vogelperspektive eines der Wahrzeichen der Stadt, gehört zu den drei Millennium-Projekten, die in London das 21. Jahrhundert begrüßen sollten. Das erste davon war das Riesenrad London Eye, das zweite die Millennium Bridge. Das dritte Projekt war der Millennium Dome, der sich zunächst als ein echter Fehlschlag entpuppte. Das größte Kuppelgebilde der Welt barg ursprünglich eine Ausstellung, die vom Menschen schlechthin handelte: Wer sind wir, was tun wir und wo leben wir? Sie wurde nach einem Jahr geschlossen, und keiner wusste so recht, was mit dem Bau anzufangen sei, bis 2007 ein neues Konzept und ein neuer Name gefunden wurde: Das O2 ist nun der größte Unterhaltungskomplex Londons – mit Ausstellungsräumen, einem digitalen Kino mit elf Leinwänden und einer Multifunktionsarena.

Windsor Castle, das größte noch bewohnte Schloss der Welt (großes Bild), wird gerne als das Wochenendhaus der Königin bezeichnet, da sie sich dort am liebsten von ihren Repräsentationspflichten erholt.

Hampton Court (kleines Bild) ist mit Abstand das schönste aller Schlösser. Es stammt überwiegend aus der Tudorzeit und steckt voller Geschichte und historischer Attraktionen.

# VOR DEN TOREN LONDONS

Ein Königreich und viele Schlösser: Die Umgebung von London ist übersät mit feinen Landsitzen, kleinen Schlössern und großen Palästen. Nicht alle davon sind als Museen zugänglich – in England lebt der Adel noch weitgehend in seinen Prachtbauten. Die königlichen Schlösser stehen jedoch teilweise Touristen offen, sind sie doch groß genug, dass selbst die königliche Familie nicht gestört wird. Treffpunkt der High-Society ist das Pferderennen in Ascot, das für seine Hüte mindestens genauso berühmt wie für die Pferde ist.

Die Westfassade im Tudorstil ist die beeindruckendste Ansicht des Palastes (rechts). Auch die Tudorräume faszinieren Besucher am meisten, da sie eng verbunden sind mit Heinrich VIII. und seiner zweiten Frau Anne Boleyn. Die königliche Kapelle (großes Bild) wird auch heute noch für öffentliche Gottesdienste genutzt. Alles im Schloss ist groß und kostbar, auch der Teil, der von Sir Christopher Wren entworfen wurde, wie Flure und Treppen (Bildleiste rechts) oder das Prunkschlafzimmer der damaligen Königin Maria, der Gattin von Wilhelm III. von Oranien.

# Hampton Court

Hampton Court wurde wie so zahlreiche Schlösser Großbritanniens ursprünglich nicht für das Königshaus gebaut. Es wurde beschlagnahmt. Allerdings wurde es von den Königen in späteren Jahrhunderten so prachtvoll aus- und umgebaut, dass es heute als einer der schönsten historischen Paläste und größte Touristenattraktion in der Umgebung Londons gilt. Kardinal Wolsey, Lordkanzler von Heinrich VIII., erwarb 1514 das Anwesen aus dem 14. Jahrhundert und ließ es zu einem Renaissancepalast umgestalten. Als er die Gunst des Königs verlor, nahm es Heinrich VIII. in Besitz, der es im Tudorstil umbauen und erweitern ließ. Später entstanden neue Flügel durch Sir Christopher Wren. Zu den Attraktionen des Palastes gehören die Great Hall von 1532, die astronomische Uhr an Anne Boleyn's Gate, die riesigen Küchenanlagen und der Royal Tennis Court.

Königin Elisabeth II., seit 1953 Staatsoberhaupt, wird zu feierlichen Anlässen vom Buckingham Palace aus (rechts) in goldener Kutsche (unten) chauffiert. Die Palastwachen mit Ihren auffälligen Pelzmützen nennen die Engländer scherzhaft »Bearskin« (unten rechts). Die Kronjuwelen im Tower bewachen die förmlichen »Beefeater« (Bild links).

# DIE ROYALS

Die Krönung Elisabeth II. war das erste mediale Großereignis, das als Auftakt für die Eurovision in ganz Europa im Fernsehen von Millionen Zuschauern elf Stunden lang verfolgt wurde. Das britische Königshaus bewegt auch heute die Gemüter, denn Geschichten und Skandale um seine Mitglieder beleben das Geschäft der Regenbogenpresse. Das Selbstverständnis der »Firma«, wie sich die Royals selbst bezeichnen, wird dadurch erschüttert, doch ins Wanken bringen die Medien das Haus Windsor nicht. Die Monarchin hält fest am Protokoll, bemüht sich jedoch zunehmend um Volksnähe. So kann man seit rund 40 Jahren eine wechselnde Auswahl der königlichen Kunstsammlung bewundern und ein Teil der Residenz Buckingham Palace ist in den Sommermonaten für Besucher geöffnet. Auch Kleider der Queen werden dort ausgestellt. Das Kalkül scheint aufzugehen, denn nicht zuletzt diese Einblicke veranlassten die Modezeitschrift »Vogue« dazu, die 81-jährige Elisabeth II. unter die 50 »glamourösesten Frauen der Welt« zu wählen. Fragt man die Briten selbst, würden sie ungern auf ihre Monarchie verzichten. Das Interesse der Presse richtet sich heute zunehmend auf den jungen Kronprinzen William und seinen Bruder Harry aus Prinz Charles Ehe mit Prinzessin Diana, die 1997 bei einem Autounfall in Paris ums Leben kam.

Die St. George's Chapel der imposanten Schlossanlage ist ein Meisterwerk der englischen Spätgotik und gleicht in Größe und Ausstattung eher einer Kathedrale (rechts). Hier wurden zahlreiche Könige und ihre Familien bestattet, von Edward IV. (1483) über Heinrich VIII. (1547) bis zur »Queen Mother« (2002), der Mutter von Elisabeth II. Die Ausstattung der Räume ist von grandioser Pracht, wie etwa der grüne Salon (großes Bild), der Ballsaal der Königin (rechts oben) oder die Waterloo Chamber (rechts unten), die für Staatsbankette genutzt wird.

## Windsor Castle

Windsor Castle, von dem das Königshaus seinen Namen geborgt hat, ist nicht nur das größte Schloss Großbritanniens, sondern auch das am längsten durchgehend bewohnte. Seit fast 1000 Jahren steht hier im Westen Londons ein Schloss, von Wilhelm dem Eroberer um 1070 als Festung errichtet und seither von den englischen Königen ausgebaut, verändert und bewohnt, sowie als Festung, Gefängnis oder Garnison genutzt. Die heutige Anlage stammt im Wesentlichen noch aus dem 14. Jahrhundert, als Edward III. die State Apartments, den Round Tower und das Norman Gate anfügen ließ. Die letzte größere Umgestaltung erfolgte Anfang des 19. Jahrhunderts unter George IV. Bis heute ist es eine der drei offiziellen königlichen Residenzen neben Holyrood in Edinburgh und Buckingham Palace in London und der bevorzugte Wohnsitz von Elisabeth II.

Unter der Schirmherrschaft des Königshauses finden in Ascot südlich von Windsor Pferderennen statt. Aber worum geht es in Ascot wirklich? Sind es die Pferde, das Wetten oder geht es doch um die auffälligste Hutkreation der britischen High-Society?

# ASCOT

Seit 1807 ist der Ascot Gold Cup das zentrale Pferderennen des Royal Ascot Meetings, das jedes Jahr Mitte Juni in dem kleinen Ort südlich von Windsor stattfindet. Reiter und Pferde kämpfen auf der zwei Meilen und vier Furlongs langen, dreieckigen Rennstrecke um den Sieg – doch der eigentliche Wettkampf findet außerhalb des Parcours statt. Denn Gold Cup Day ist Ladies' Day, und die Damen der britischen High-Society liefern sich jedes Jahr einen spektakulären Wettbewerb um die auffälligste Kopfbedeckung. Mit turmhohen Hutschnecken, filigranen Federn oder ausladenden Blumenschalen geschmückte Köpfe verlangen von den Trägerinnen vor allem eines: Haltung bewahren. Doch auch der Dresscode für die Herren ist streng – ohne Zylinder und den an den Ecken abgeschnittenen Gehrock Cutaway ist der Morning Dress nicht komplett. Aber schließlich ist Ascot auch ein königliches Amusement, denn jeder Renntag wird vom Einzug der königlichen Familie gekrönt. Wer ganz nah dabei sein will, muss allerdings gute Beziehungen haben, denn in den abgegrenzten Bereich der VIPs – in die Royal Enclosure – kommt nur derjenige, für den ein langjähriger Ascot-Besucher bürgt. Bis in die 1950-er Jahre waren die Hürden noch höher: Wer geschieden war, musste draußen bleiben, egal wie extravagant der Hut war.

Die Tower Bridge gehört zu den berühmtesten Wahrzeichen Londons, ein innovatives technisches Meisterwerk zu ihrer Zeit und noch immer ein kleines Wunderwerk. Das neue London mit seinen mächtigen Betonbauten und postmodernen Hochhäusern passt sich problemlos ein und zeigt, dass die Weltstadt an der Themse stets am Puls der Zeit liegt, ohne aber dabei auf Traditionen zu verzichten.

# ATLAS

Auf fast 2000 Jahre Geschichte kann London zurückblicken, angefangen mit der kleinen römischen Siedlung Londinium, aus der die heutige City of London entstand, bis zu der Metropole von heute, die sich als Greater London mit über acht Millionen Einwohnern längst weit in das Umland ausgedehnt hat. Lebensader ist die Themse, die der Stadt und mithin dem Land zu Reichtum und Macht verholfen hat, ein Status, den London in der Form als Finanzzentrum auch heute beibehält, selbst wenn das Weltreich Vergangenheit ist.

Der Blick von der Westminster Bridge umfasst die Statue der Keltenkriegerin Boudicca, das begrünte Victoria Embankment
am Nordufer der Themse und unübersehbar das Riesenrad London Eye mit der Tate
Modern daneben.

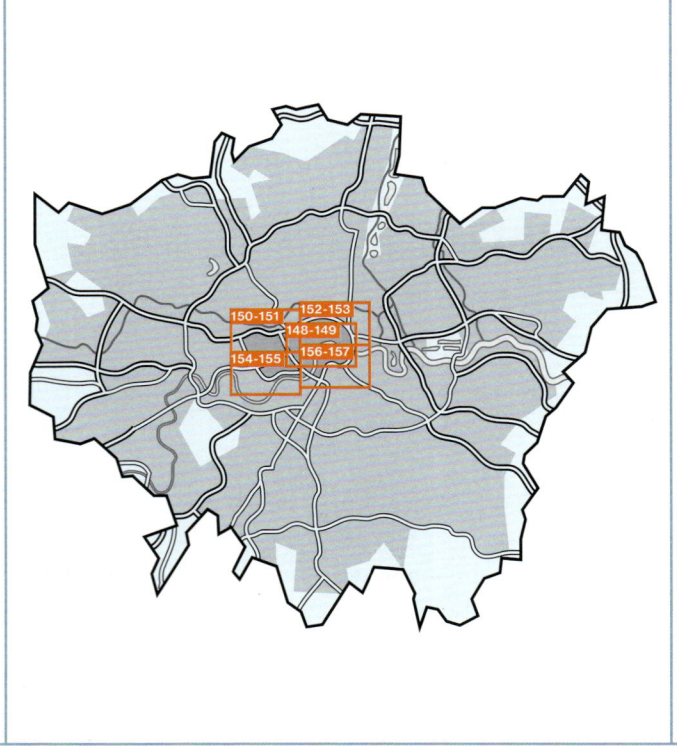

## ZEICHENERKLÄRUNG
## ZU DEN KARTEN 1 : 15 000

| | |
|---|---|
| ▭ | Autobahn |
| ▭ | Wichtige Hauptstraße |
| ▭ | Hauptstraße |
| ▭ | Nebenstraße |
| ▭ | Weg |
| ▭ | Fußgängerzone |
| ▭ | Bahnlinie |
| ▭ | Industriebahn |
| ▭ | S-Bahnlinie |
| ▭ | U-Bahnlinie (im Bau/in Planung) |
| ▭ | Autofähre; wichtige Personenfähre |
| ▭ ▭ | Dichte Bebauung; lockere Bebauung |
| ▭ ▭ | Öffentliche Bebauung |
| ▭ ▭ | Bemerkenswertes Gebäude; Industriegebäude |
| ▭ ▭ | Grünfläche; Friedhof; Waldfläche |
| ▭ | Jüdischer Friedhof |

# LEGENDE

Die Stadtplanausschnitte auf den folgenden Seiten zeigen London im Maßstab 1:15 000 (Übersichtskarte: 1:800 000). Die kartografischen Details werden dabei durch eine Vielzahl touristischer Informationen ergänzt: zum einen durch das ausführlich dargestellte Verkehrsnetz, zum anderen durch Symbole, die Lage und Art aller wichtigen Sehenswürdigkeiten und Freizeitziele, wie etwa Museen, Schlösser, Regierungssitze oder Theater, kennzeichnen.

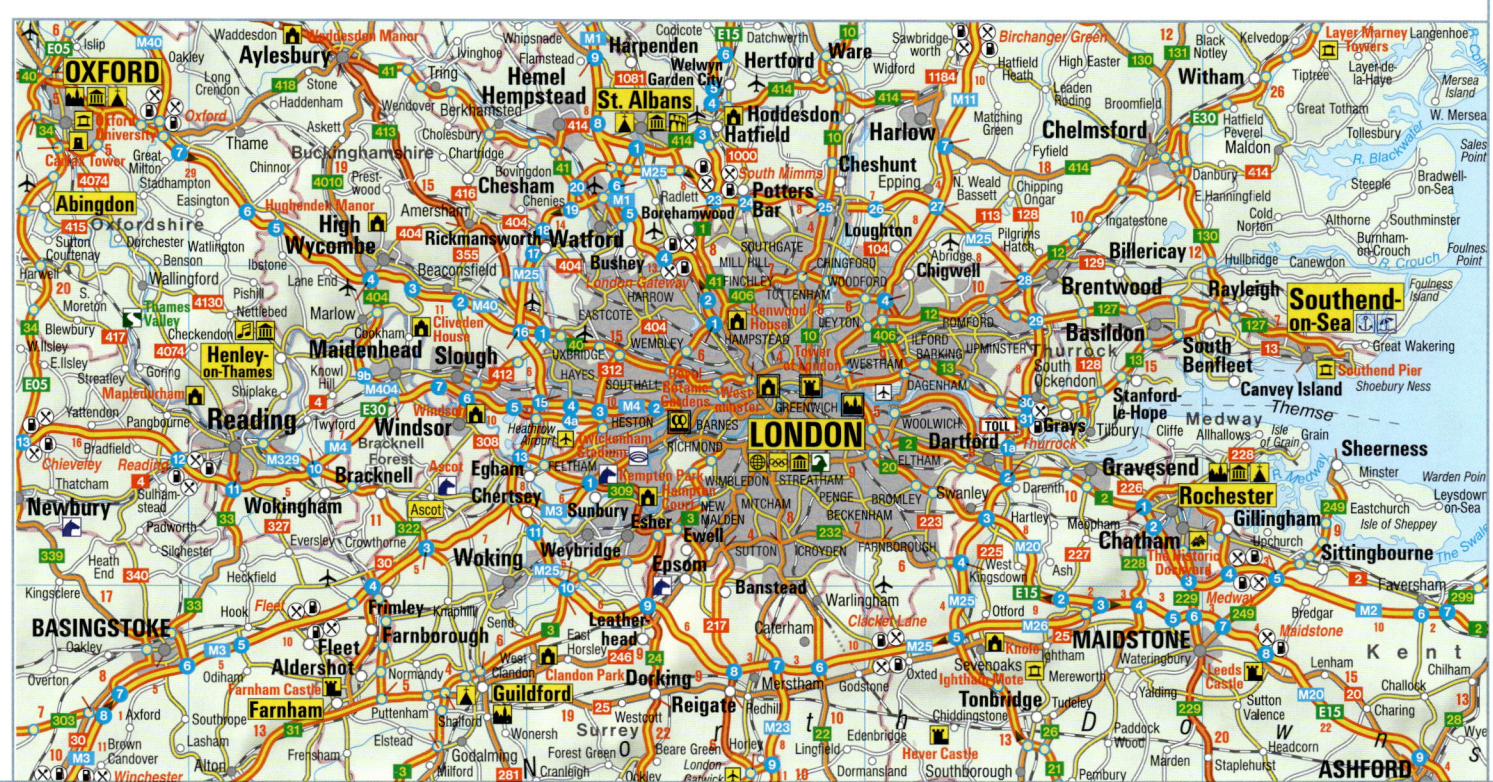

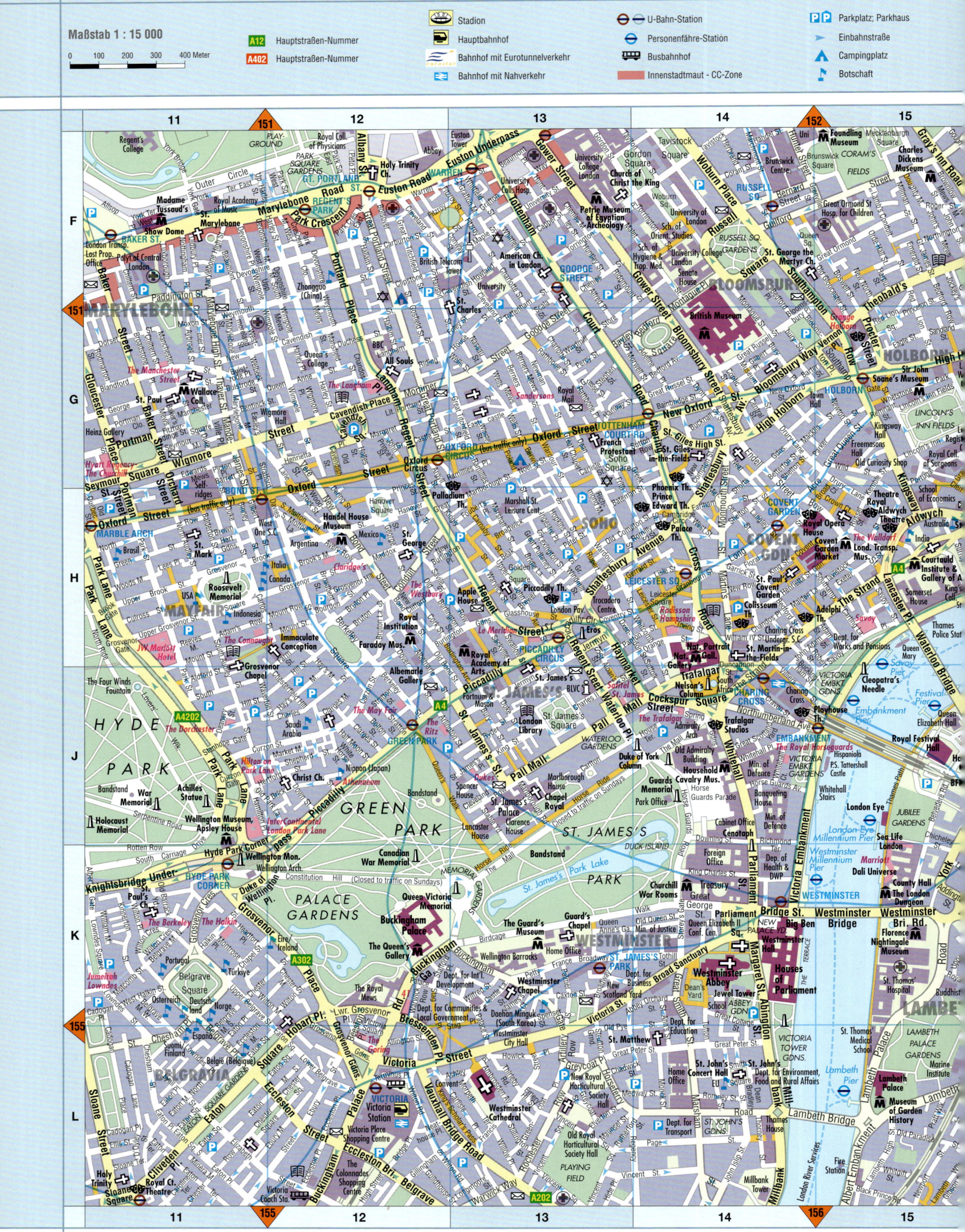

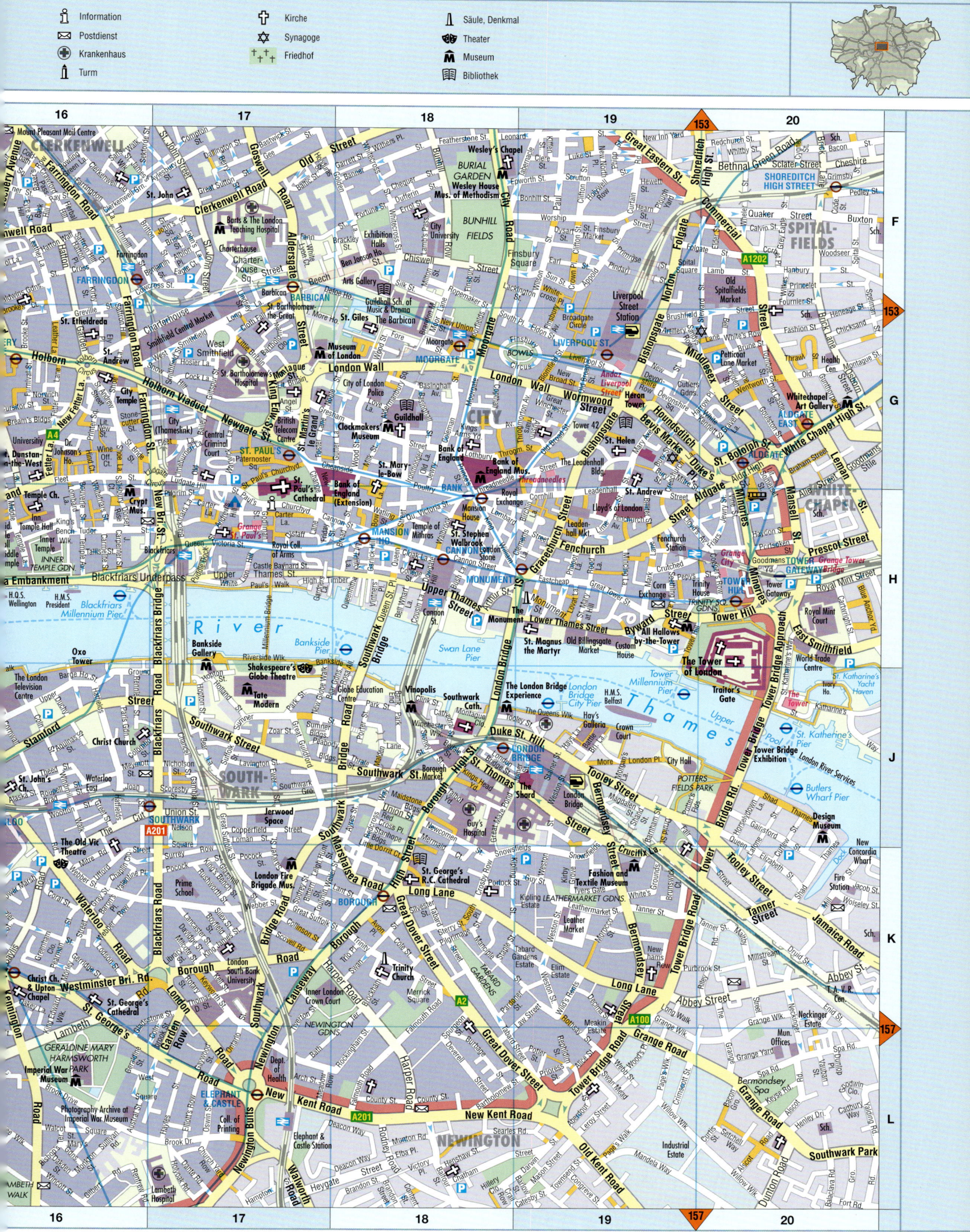

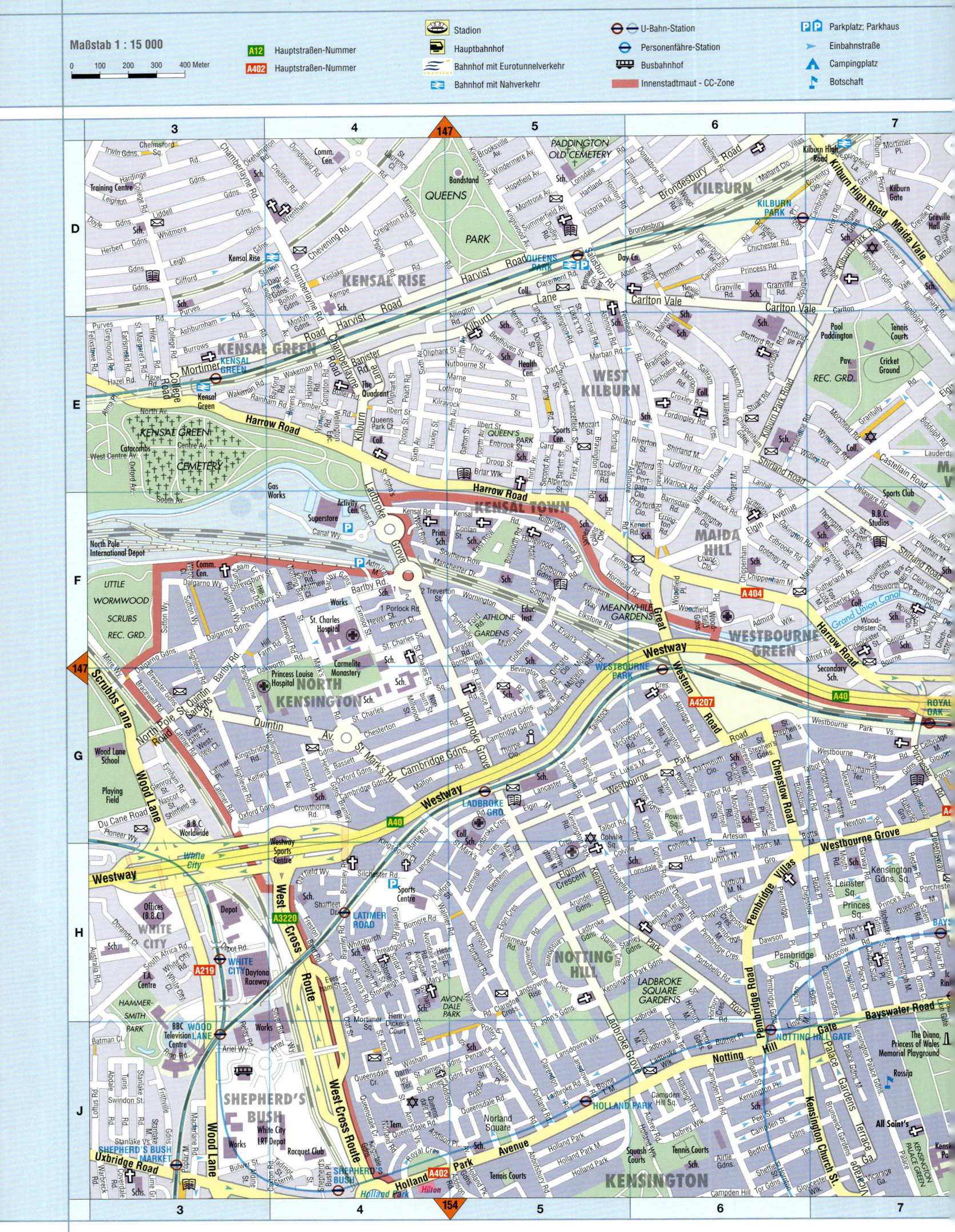

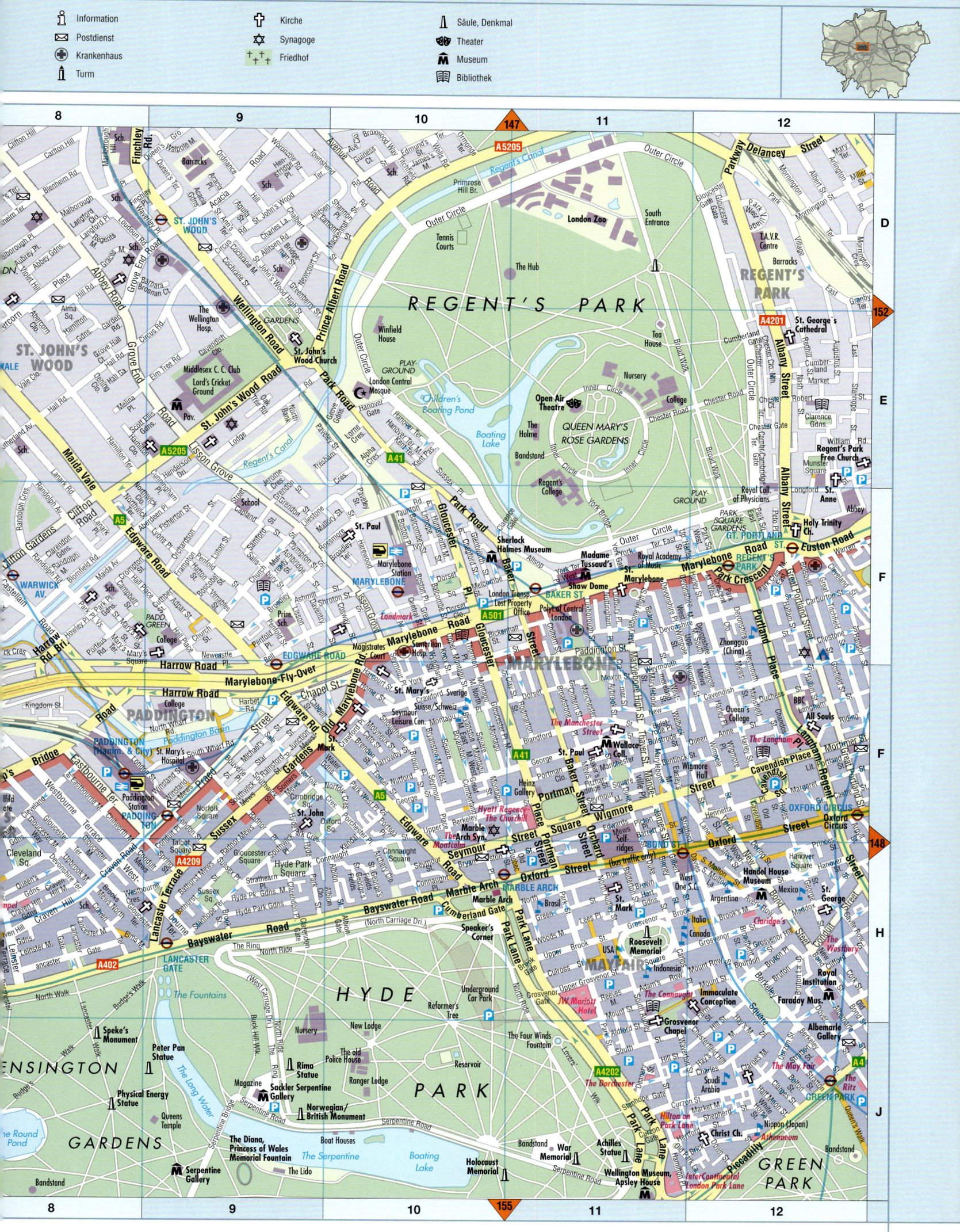

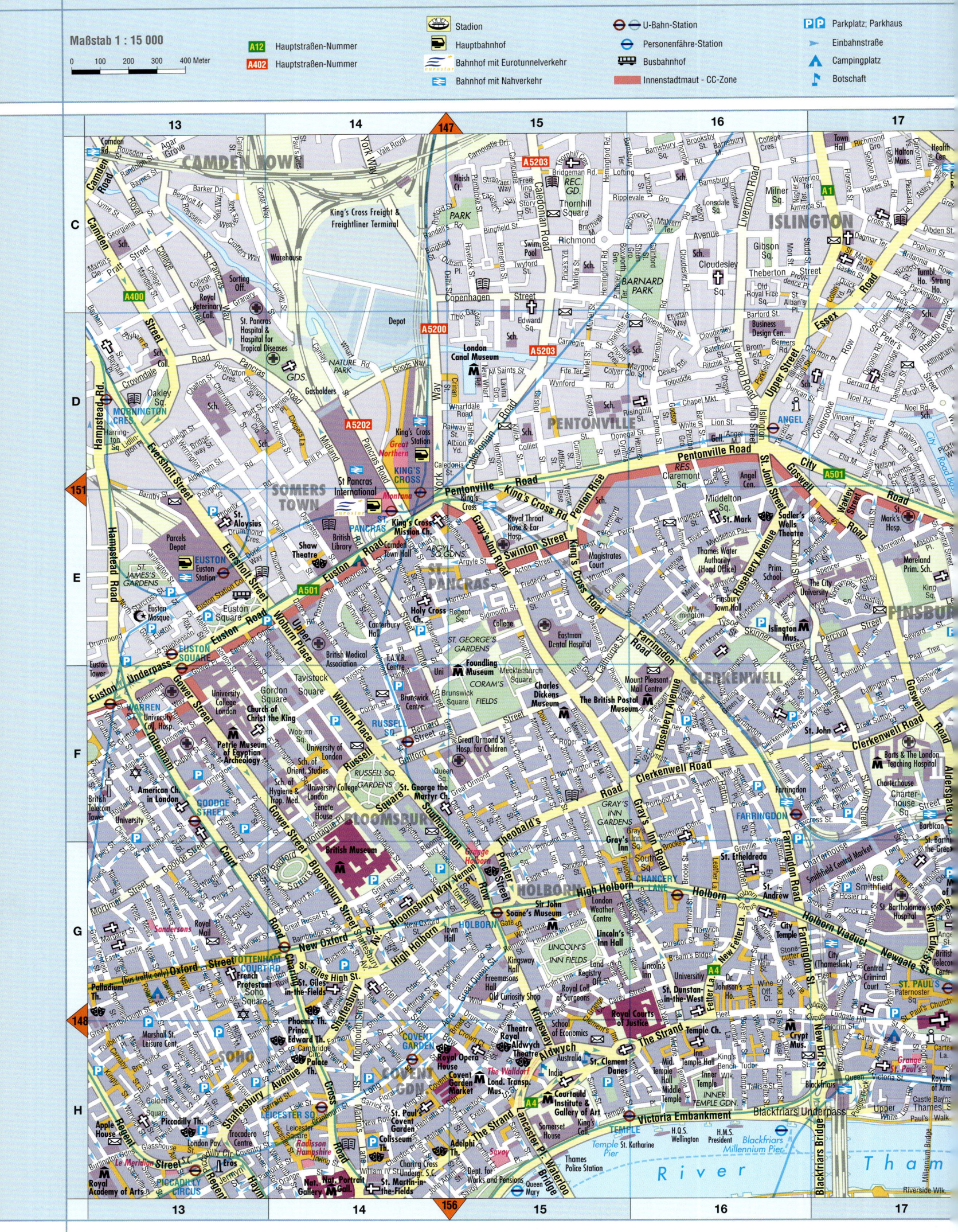

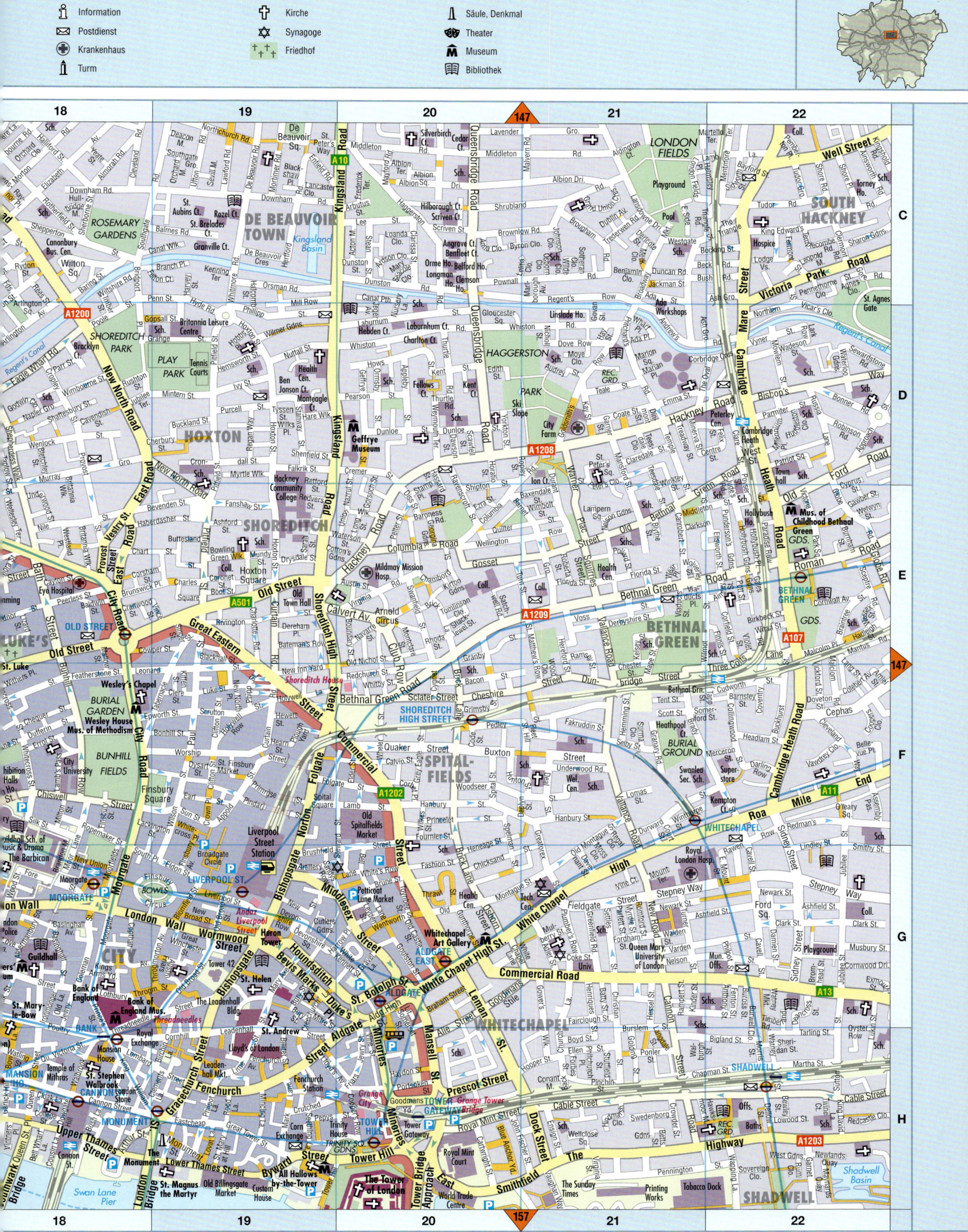

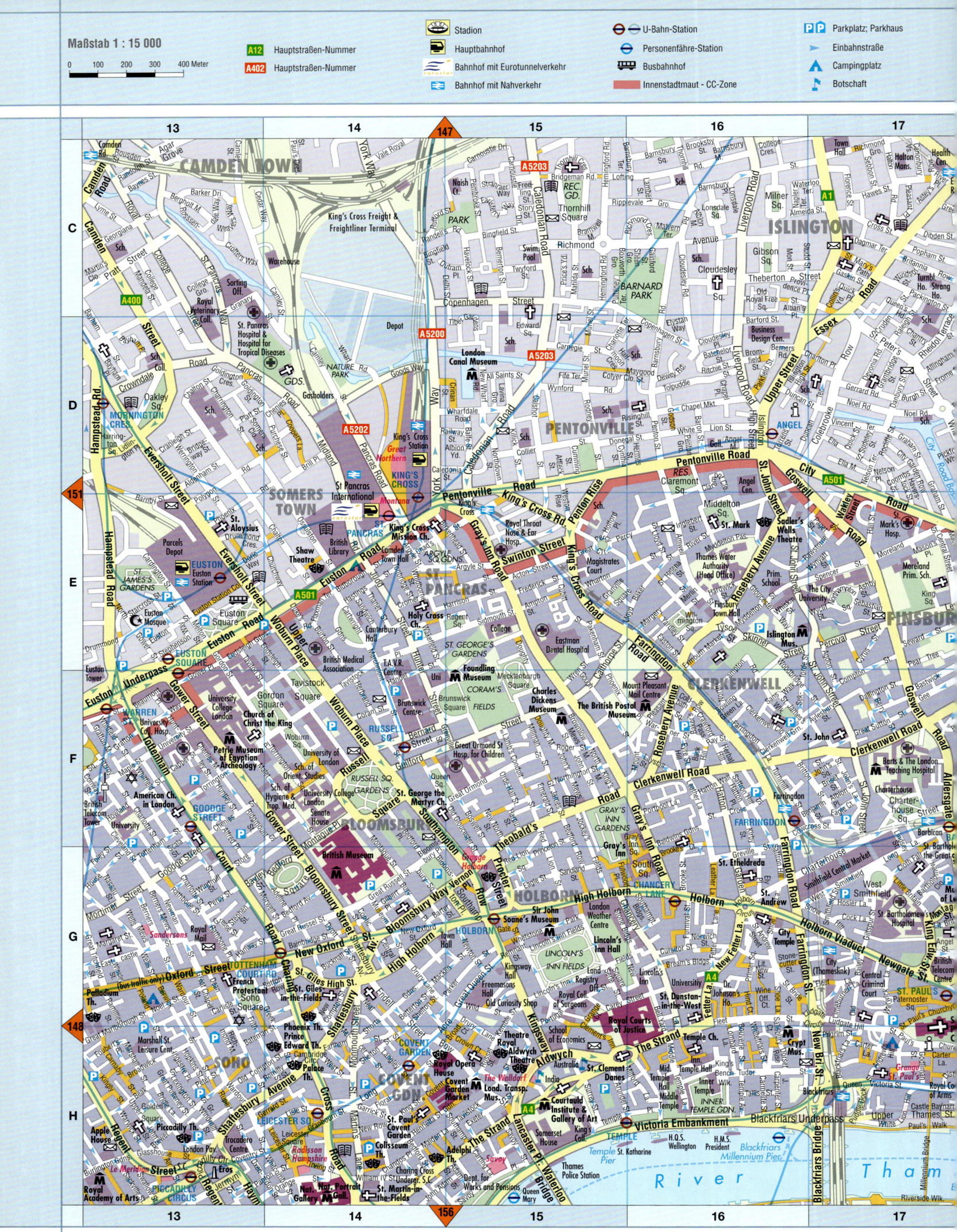

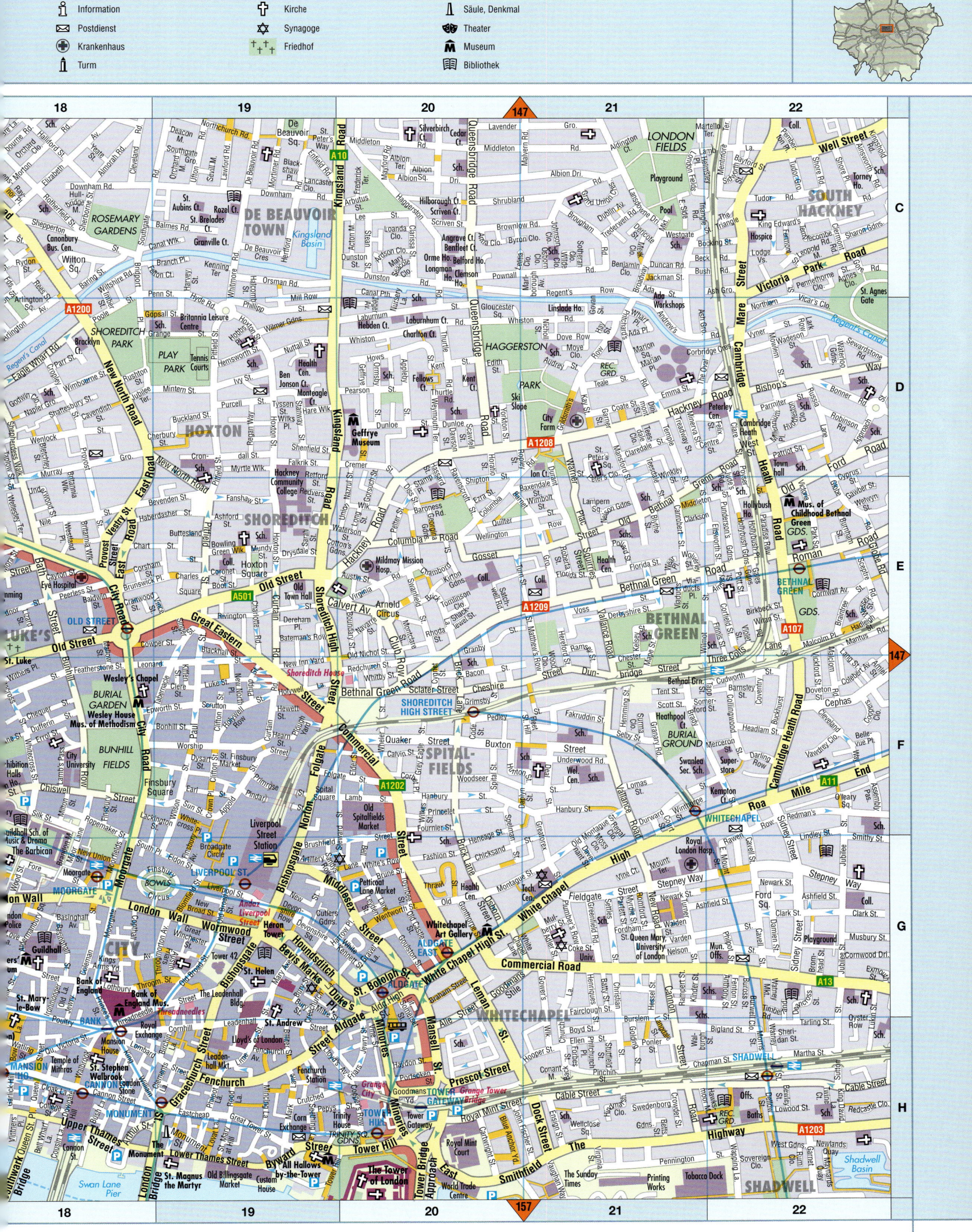

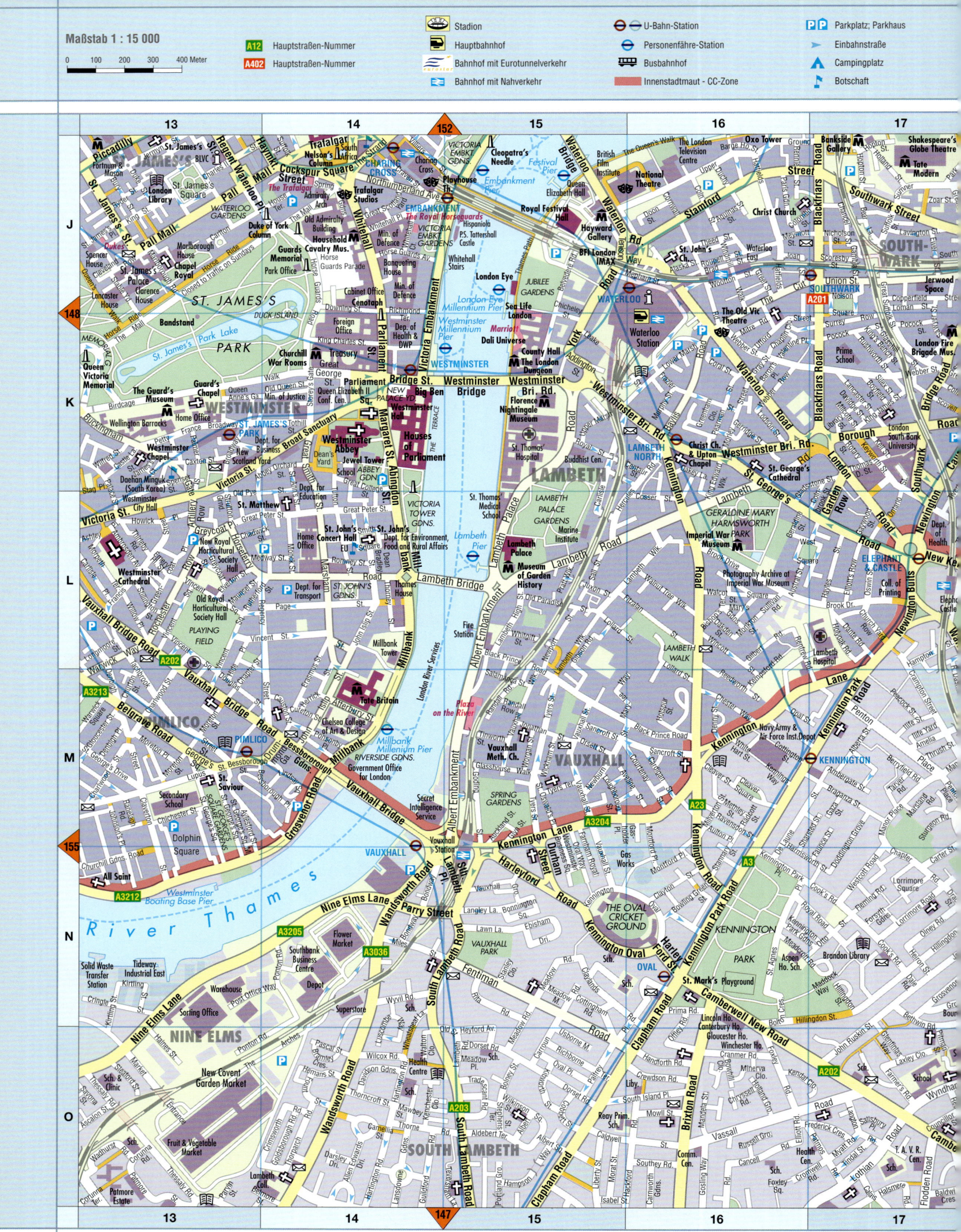

Die Registereinträge beziehen sich auf die Karten sowie auf den Bildteil. Nach dem Stichwort folgen die fett gedruckten Seitenzahlen und die Suchfeldangaben für den Kartenteil. Danach folgt die Seitenzahl für den Bildteil, zuletzt werden Internetadressen angegeben, die einen raschen Zugriff auf weitere aktuelle Informationen über die in diesem Werk beschriebenen Sehenswürdigkeiten ermöglichen. Die meisten Einträge auf den Bildseiten sind ebenfalls im Kartenteil zu finden, der darüber hinaus eine Fülle weiterer touristischer Hinweise bietet.

## A

| | | |
|---|---|---|
| Ackroyd, Peter | | 6 |
| Albert Memorial | 155 K8 | 86 |
| Albert, Prinz von | | 87 |
| Sachsen-Coburg und Gotha | | |
| Aldwych Theatre | 148 H15 | 54 |
| Al-Fayed, Mohamed | | 92 |
| Alfred, König | | 11 |
| All Souls, Church of | 148 G12 | 120 |
| Althorp | | 93 |
| American Church in London | 148 F13 | |
| Anderson, Laurie | | 38 |
| Angerstein, John Julius | | 59 |
| Anne, Königin | | 40 |
| Ascot | 147 | 142 |

## B

| | | |
|---|---|---|
| Bank of England | 149 G18 | 16, 32 |
| Bankside Art Gallery | 149 J17 | |
| Banqueting House | 148 J14 | |
| Barbican Centre (The Barbican) | 149 G18 | 38 |
| Barbican Estate | | 38 |
| Barbican Gallery | | 39 |
| Battersea Park | 155 O11 | |
| BBC | 148 G12 | 20 |
| B.B.C. Studios | 150 F7 | |
| bfi London IMAX | 149 J16 | |
| Big Ben | 148 K14 | 2, 48, 65 |
| Blackfriars Bridge | 149 H/J17 | 42 |
| Blair, Tony | | 22, 93, 103 |
| Bloomsbury | 152 G14 | 111 |
| Boleyn, Anne | | 134 |
| Bon Jovi | | 77 |
| Börse, Londoner | | 16 |
| Boudicca, Königin | | 10 |
| Bramah Tea & Coffee Museum | 149 J18 | |
| Brick Lane | 149 E-G20 | 126 |
| Brick Lane Market | | 127 |
| Bridgit von Kildare | | 47 |
| British Library | 152 E14 | 114 |
| British Museum | 148 G14 | 112 |
| British Telecom Tower | 148 F13 | |
| British Visitor Centre | 148 J13 | |
| Brompton Oratory | 155 L9 | |
| Buckingham Palace | 148 K12 | 72, 141 |
| Byron, Lord | | 9 |

## C

| | | |
|---|---|---|
| Cabinet War Rooms | 148 K14 | |
| Camden Town | 152 C13-14 | 110, 122 |
| Canary Wharf | | 23, 102, 124, 128 |
| Canterbury, Erzbischof von | | 67 |
| Carnaby Street | 148 H13 | |
| Cast Court | | 82 |
| Central Criminal Court | 149 G17 | |
| Central Saint Martins College | | 89 |
| Charles, Prinz | | 93, 138 |
| Chelsea | 155 M10 | 79 |
| Chelsea Physic Garden | 155 N10 | |
| Chester Terrace | 151 E12 | 120 |
| Chinatown | 148 H13/14 | 62 |
| Churchill, Winston | | 20 |
| Citigroup Centre | | 128 |
| City (of London) | 149 G18 | 24 ff. |
| City Temple | 149 G16 | |
| Clarence House | 148 J13 | |
| Coliseum Theatre | 148 H14 | 54 |
| County Hall | 148 K15 | 100, 103 |
| Courtauld Institute & Gallery | 148 H15 | 50-51 |
| Covent Garden | 148 H14/15 | 53 |
| Covent Garden Piazza | | 48, 52 |
| Cromwell, Oliver | | 14 |
| Crypt Museum | 149 H16 | |
| Crystal Palace | | 19 |
| Cumberland Terrace | | 16, 120 |

## D

| | | |
|---|---|---|
| Daily Express | | 46 |
| Dali Universe | 148 K15 | |
| Darwin Centre | | 85 |
| Diana Memorial | 151 J9 | 92 |
| Diana Memorial Playground | | 91ff. |
| Diana, Prinzessin | | 23, 90, 92, 138 |
| Dickens, Charles | | 18, 69 |
| Dickens House | 148 F15 | |
| Docklands | | 23, 124 |
| Downing Street | 148 J14 | |
| Dudley, Graf | | 82 |

## E

| | | |
|---|---|---|
| Earth Galleries | | 84 |
| East End | | 81, 125 |
| Eduard der Bekenner | | 10, 12, 69 |
| Eduard II. | | 12 |
| Eduard III. | | 65 |
| Eduard IV. | | 12, 16, 140 |
| Eduard VI. | | 14 |
| Eduard VII. | | 20 |
| Eduard VIII. | | 20 |
| Electric Ballroom | | 122 |
| Eleonore von Kastilien | | 68 |
| Elgin Marbles | | 112 |
| Elisabeth I. | | 14ff, 68, 140 |
| Elisabeth II. | | 20, 21, 138 |
| Elisabeth von York | | 68 |
| Ethelbert, König | | 10 |
| Exhibition Halls | 149 F18 | |

## F

| | | |
|---|---|---|
| Faraday Museum | 148 H12 | |
| Festival of Britain | | 98 |
| Fleet Street | 149 G16 | 46 |
| Florence Nightingale Museum | 148 K15 | |
| Foster, Norman | | 22, 113 |

## G

| | | |
|---|---|---|
| Galliano, John | | 88 |
| Garrick Theatre | | 54 |
| Gay, John | | 53 |
| Georg II. | | 69 |
| Georg III. | | 17 |
| Georg IV. | | 17, 119, 121 |
| Georg VI. | | 20 |
| Gerrard Street (Chinatown) | 148 H13/14 | 62 |
| Gherkin | | 24 |
| Gilbert Collection | | 51 |
| Godwinson, Harold | | 12 |
| Greater London | 149 J19 | |
| Authority Headquarters | | |
| Green Park | 148 J12 | |
| Greenwich | 147 | 124, 130 |
| Greenwich Park | | 130 |
| Grosholz, Marie | | 117 |
| Guildford Four | | 45 |
| Guildhall | 149 G18 | 36 |

## H

| | | |
|---|---|---|
| Hampton Court | 147 | 134 ff. |
| Händel, Georg Friedrich | | 17, 48, 68, 115 |
| Handel House Museum | 148 H12 | |
| Harrod, Charles Henry | | 81 |
| Harrods | 155 K10 | 78ff., 92 |
| Harry, Kronprinz | | 139 |
| Haymarket Theatre | | 54 |
| Hayward Gallery | 148 J15 | 100 |
| Heinrich II. | | 12 |
| Heinrich III. | | 68, 114 |
| Heinrich VII. | | 12, 14, 68 |
| Heinrich VIII. | | 14, 66, 116,136, 140 |
| Hermitage Rooms | | 51 |
| Hesketh, Sir Thomas | | 68 |
| H.M.S. Belfast | 149 J19 | |
| Houses of Parliament | 148 K14 | 2, 13, 48, 64, 102 |
| HSBC Tower | | 128 |
| Hyde Park | 151 J10 | 76, 79 |

## I

| | | |
|---|---|---|
| Inigo Jones Theatre | | 107 |
| Isle of Dogs | | 125 |
| Iveagh, Lord | | 18 |

## J

| | | |
|---|---|---|
| Jakob I. | | 14 |
| Jakob II. | | 15, 33 |
| Jewel Tower | 148 K14 | 65 |
| Johann, König | | 12 |

## K

| | | |
|---|---|---|
| Karl I. | | 14ff |
| Karl II. | | 14ff |
| Katharina von Aragon | | 14, 15 |
| Kensington Gardens | 151 J8 | 79, 90, 93 |
| Kensington High Street | 154 L5-K7 | 79 |
| Kensington Palace | 150 J7 | 79, 90, 93 |
| Kensington Palace Green | 150 J7 | |
| Kenwood House | 147 | 17 |
| Kew Gardens | | 16 |
| King's Library | | 114 |
| Knightsbridge | 155 K10/11 | 81 |

## L

| | | |
|---|---|---|
| Lambeth Bridge | 148 L14/15 | 100 |
| Lambeth Palace | 148 L15 | |
| Leadenhall Market | 149 H19 | 6, 30 |
| Livingstone, Ken | | 23 |
| Lloyd, Edward | | 31 |
| Lloyds | 149 H19 | 23, 30 |
| Lloyd's of London | | 30 |
| Londinium | | 10 |

Von links: Covent Garden lädt mit seiner Piazza zum Einkaufen ein; Leadenhall Market und Lloyd's Building; die mittelalterliche Festung Tower of London; Eingangshalle des Natural History Museum; die National Gallery am Trafalgar Square.

| | | | |
|---|---|---|---|
| London Aquarium | 148 | K15 | 100 |
| London Bridge | 149 | H/J18 | 43 |
| London County Council | | | 18 |
| London Eye | 148 | J15 | 2, 23, 102, 132 |
| London Library | 148 | J13 | |
| London's Transport Museum | 148 | H15 | |
| London Symphony Orchestra | | | 39 |
| London Underground | | | 18 |
| London Zoo | 151 | D11 | |
| Lord Mayor' Show | | | 36 |
| Lord's Cricket Ground | 151 | E9 | |
| **M**adame Tussauds | 148 | F11 | 116 |
| Marble Arch | 151 | H10 | |
| Maria I. | | | 14 |
| Maritime Museum | | | 130 |
| McQueen, Alexander | | | 88 |
| Millennium Bridge | 149 | H17 | 42, 98, 104 |
| Millennium Dome | | | 23, 132 |
| Moore, Mary | | | 88 |
| Museum of Garden History | 148 | L15 | |
| Museum of London | 149 | G17 | |
| **N**ash, John | | | 17, 119 |
| National Army Museum | 155 | N10 | |
| National Film Theatre | 148 | J15 | 100 |
| National Gallery | 148 | H14 | 4, 58 |
| National Portrait Gallery | 148 | H14 | 58 |
| Natural History Museum | 155 | L9 | 84 |
| New Covent Garden Market | 156 | O13 | |
| Newgate-Gefängnis | | | 45 |
| New Scotland Yard | 148 | K13 | |
| Newton, Isaac | | | 68, 114 |
| Northumberland, Herzog von | | | 20 |
| Notting Hill | 150 | H5 | 79, 88, 94 ff. |
| Notting Hill Carnival | | | 78, 95 ff. |
| **O**ld Bailey | 149 | G17 | 44 |
| Old Bank of England (Pub) | | | 46 |
| Old Bond Street | 148 | H12-J13 | |
| One Canada Square | | | 128 |
| Owen, Thomas | | | 68 |
| Oxford Street | 148 | G14-H11 | |
| **P**all Mall | 148 | J13/14 | 59 |
| Parthenon Gallery | | | 112 |
| Paterson, William | | | 33 |
| Peter Pan Statue | 151 | J9 | 91 |
| Piccadilly Circus | 148 | H13 | 60 |
| Portobello Road | 150 | F5-H6 | 94 |
| Primrose Hill | | | 110, 118 |
| **Q**uant, Mary | | | 22, 89 |
| Queen Elizabeth Hall | 148 | J15 | 100 |
| Queen's House | | | 130 |
| Queen's Walk | 148 | J12/13 | 100 |
| **R**egent's Canal | 151-153 | E9-D22 | 123 |
| Regent's Park | 151 | D11 | 16, 110, 118 |
| Regent Street | 148 | G12-J13 | |
| Rhodes, Zandra | | | 89 |
| Richard II. | | | 12 |
| Richard Löwenherz | | | 12 |
| Ritz | | | 74 |
| Rogers, Richard | | | 30 |
| Royal Academy of Arts | 148 | H13 | 16 |
| Royal Albert Hall | 155 | K8 | 86 |
| Royal Courts of Justice | 149 | G16 | |
| Royal Exchange | 149 | H18 | 14, 32 |
| Royal Festival Hall | 148 | J15 | 98, 101 |
| Royal National Theatre | 149 | J16 | 100 |
| Royal Naval College | | | 124 |
| Royal Observatory | | | 130 |
| Royal Opera House | 148 | H14 | 52 |
| Royal Shakespeare Company | | | 54 |
| **S**avoy | | | 74 |
| Science Museum | 155 | L9 | |
| Selfridges | 148 | H11 | |
| Sera of London | | | 88 |
| Serpentine Gallery | 151 | J9 | 90 |
| Serpentine-See | 151 | J9-10 | 79, 91 |
| Shaftesbury Avenue | 148 | H13-G14 | |
| Shaftesbury, Graf | | | 60 |
| Shakespeare's Globe Theatre | 149 | J17 | 98, 106 |
| Shakespeare, William | | | 14f., 69, 106, 115 |
| Sherlock Holmes Museum | 148 | F11 | |
| Simpson, Wallis | | | 20 |
| Sloane, Hans | | | 113 |

| | | | |
|---|---|---|---|
| Smith, Paul | | | 89 |
| Soho | 148 | H13 | 61 f. |
| Somerset House | 148 | H15 | 16, 50 |
| Southbank Business Centre | 156 | N14 | 100, 103 |
| Southwark Cathedral | 149 | J18 | 108 |
| Speaker's Corner | 151 | H10 | 77 |
| St. Bartholomew-the-Great | 149 | G17 | |
| St. Bride's | | | 46 |
| St. George's Chapel | | | 140 |
| St. James's Palace | 148 | J13 | 73 |
| St. James's Park | 148 | K13 | |
| St. Martin-in-the-Fields Church | 148 | H14 | |
| St. Paul's Cathedral | 149 | G17 | 10, 12, 24, 40, 102 |
| St. Stephen | 149 | H18 | |
| Stuart, Dynastie | | | 14f., 106, 115 |
| Surgeons Hall | | | 44 |
| Sutcliffe, Peter | | | 45 |
| Swinging London | | | 22 |
| Syon House | | | 17 |
| **T**acitus | | | 11 |
| Tate Britain | 156 | M14 | 70 |
| Tate Modern | 149 | J17 | 23, 98, 104 |
| Temple Church | 149 | H16 | |
| Temple of Mithras | 149 | H18 | 10 |
| Thames Foyer | | | 74 |
| Thatcher, Margaret | | | 22 |
| Theatre Royal Drury Lane | 148 | H15 | 54 |
| The Design Museum | 149 | J20 | |
| The London Dungeon | 149 | J19 | |
| Themse | 147-149, 152-157 | | 2, 8, 10 |
| Threadneedle Street | 149 | G19-H18 | 33 |
| Tower 42 | 149 | G19 | 24 |
| Tower Bridge | 149 | J20 | 26, 101 |
| Tower of London, The | 149 | H/J20 | 13, 28 |
| Trafalgar Square | 148 | H/J14 | 4, 56 |
| Trocadero Centre | 148 | H13 | |
| Tudor, Dynastie | | | 12, 14ff. |
| Turner, William | | | 70 |
| Tyburn | | | 45 |
| Tyler, Wat | | | 12 |
| **U**niversity of London | 148 | F14 | |
| **V**ictoria & Albert Museum | 155 | L9 | 82 |
| Victoria, Königin | | | 18, 19, 28, 73, 87 |
| Victoria Station | 148 | L12 | |
| Viktorianisches Zeitalter | | | 18 |
| **W**alworth | 157 | N19 | 12 |
| Wanamaker, Sam | | | 107 |
| Waterloo Bridge | 148 | H/J15 | |
| Waterloo Chamber | | | 140 |
| Waterloo International | 149 | K16 | |
| Wellington Monument | 148 | K11 | |
| Wellington Museum, Apsley House | 148 | J11 | |
| Weltausstellung | | | 18, 19 |
| Westbourne Grove | 150 | G/H7 | 94 |
| West End | | | 16, 49, 61 |
| Westminster Abbey | 148 | K14 | 11ff, 21, 65 ff. |
| Westminster Bridge | 148 | K15 | 16, 42 |
| Westminster City Hall | 148 | L13 | |
| Westminster Hall | 148 | K14 | 13, 65 |
| Westminster Palace (Houses of Parliament) | 148 | K14 | 2, 13, 48, 64, 102 |
| Westminster R. C. Cathedral | 148 | L13 | |
| Westwood, Vivienne | | | 88 |
| White Tower (Tower of London) | 149 | H/J20 | 12, 29 |
| Wikinger | | | 11 |
| Wilde, Oscar | | | 45 |
| Wilhelm der Eroberer | | | 12, 28, 67, 141 |
| Wilhelm II. | | | 114 |
| Wilhelm III. von Oranien | | | 14, 15 |
| William, Kronprinz | | | 93, 139 |
| Windsor Castle | 147 | | 134, 140 |
| Wolsey, Kardinal | | | 135 |
| Wordsworth, William | | | 42 |
| Wren, Christopher | | | 17, 41, 47, 136 |

## Impressum

© 2015 Kunth Verlag GmbH & Co KG, München
Königinstraße 11
80539 München
Telefon +49.89.45 80 20-0
Fax +49.89.45 80 20-21
www.kunth-verlag.de |
info@kunth-verlag.de

© Kartografie: Kunth Verlag GmbH & Co KG, München
Genehmigte Sonderausgabe für GeoCenter, 70565 Stuttgart

Text: Petra Dublilski

Alle Rechte vorbehalten. Reproduktionen, Speicherung in Datenverarbeitungsanlagen, Wiedergabe auf elektronischen, fotomechanischen oder ähnlichen Wegen nur mit der ausdrücklichen Genehmigung des Copyrightinhabers.

Printed in Slovakia

Alle Fakten wurden nach bestem Wissen und Gewissen mit der größtmöglichen Sorgfalt recherchiert. Redaktion und Verlag können jedoch für die absolute Richtigkeit und Vollständigkeit der Angaben keine Gewähr leisten. Der Verlag ist für alle Hinweise und Verbesserungsvorschläge jederzeit dankbar.